I0499848

If Lost, Please Return To:

Name:______________________

Phone:______________________

Email:______________________

Color Test Page

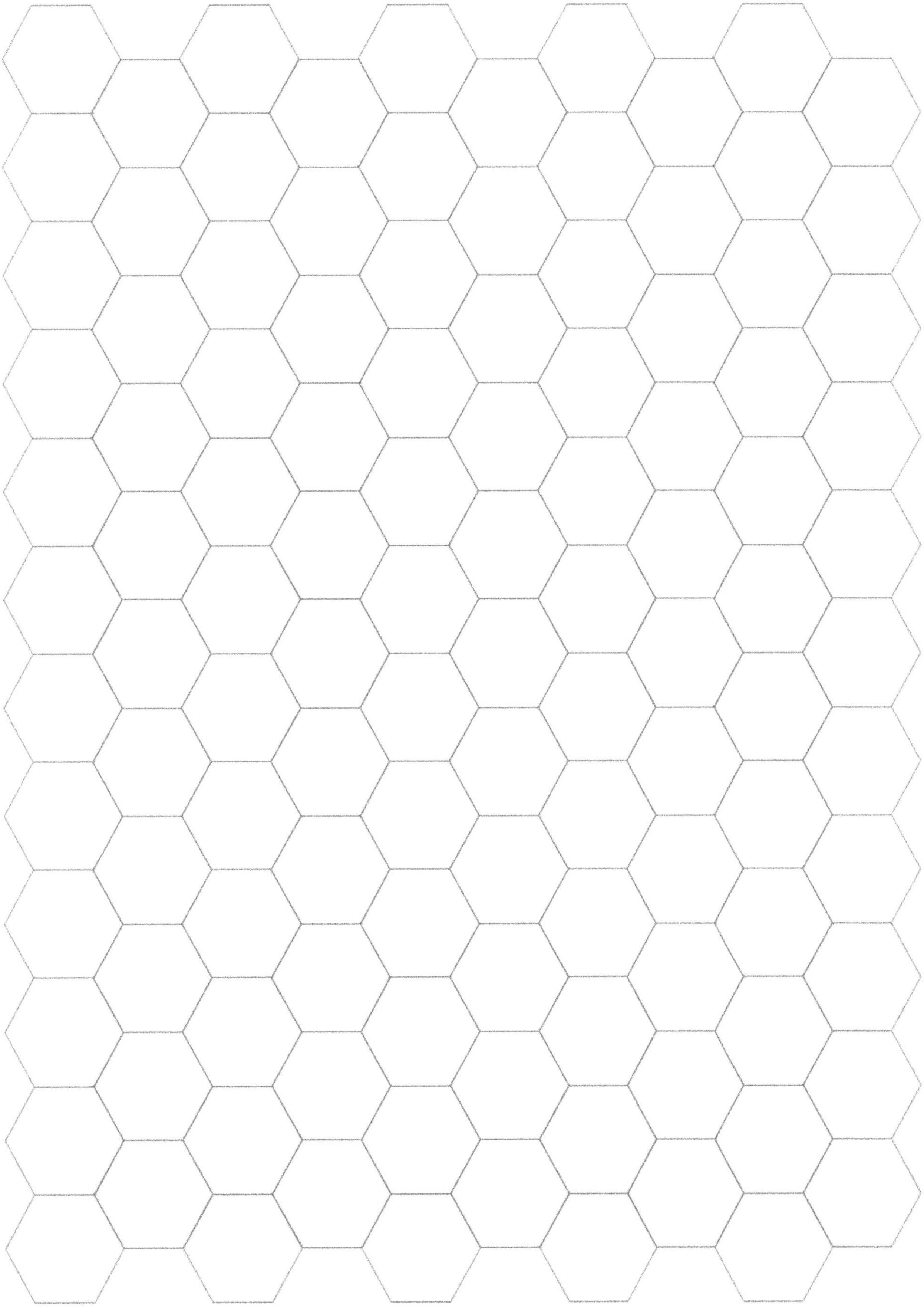

Color Test Page

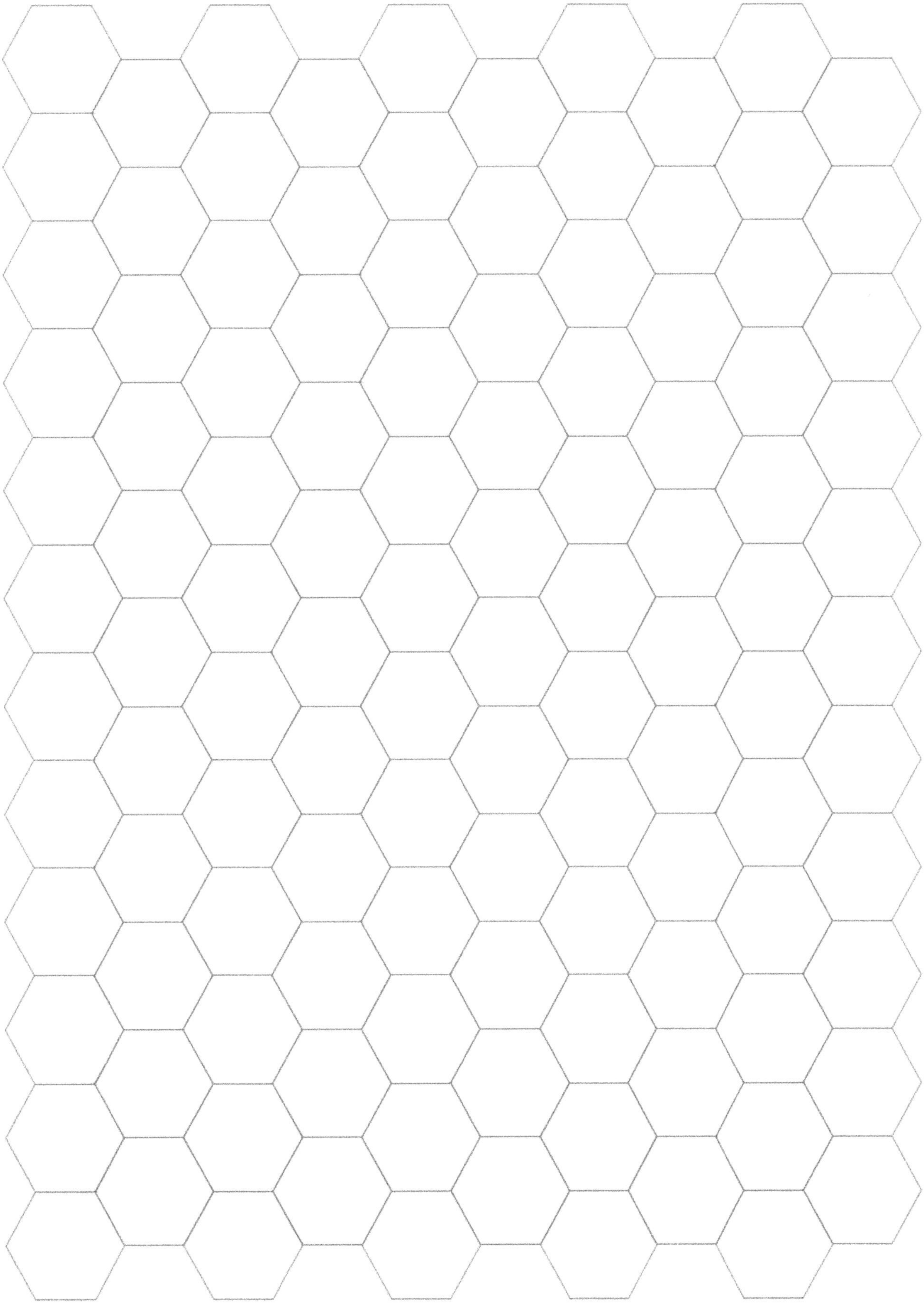

Color Test Page

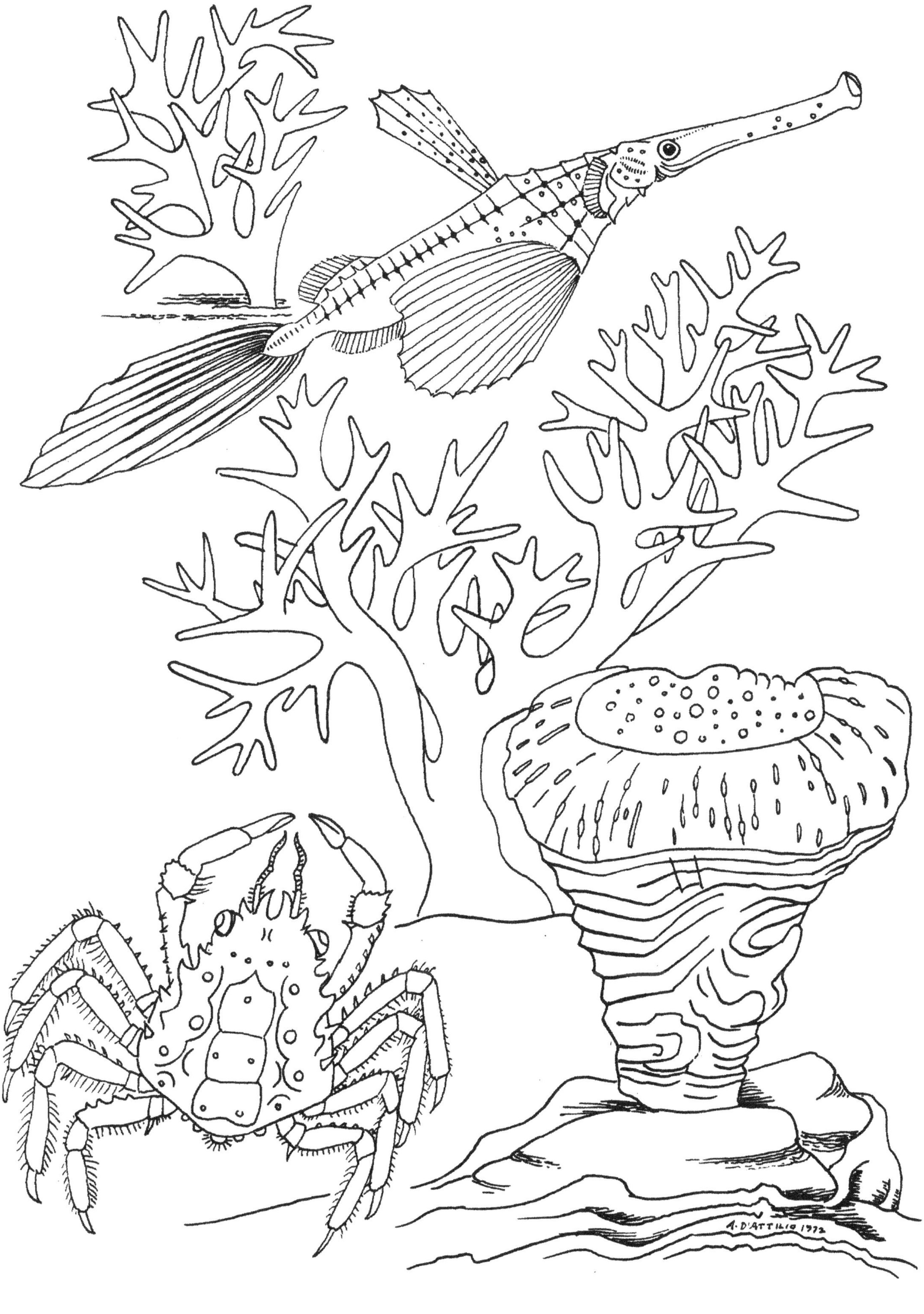
A. D'ATTILIO 1972

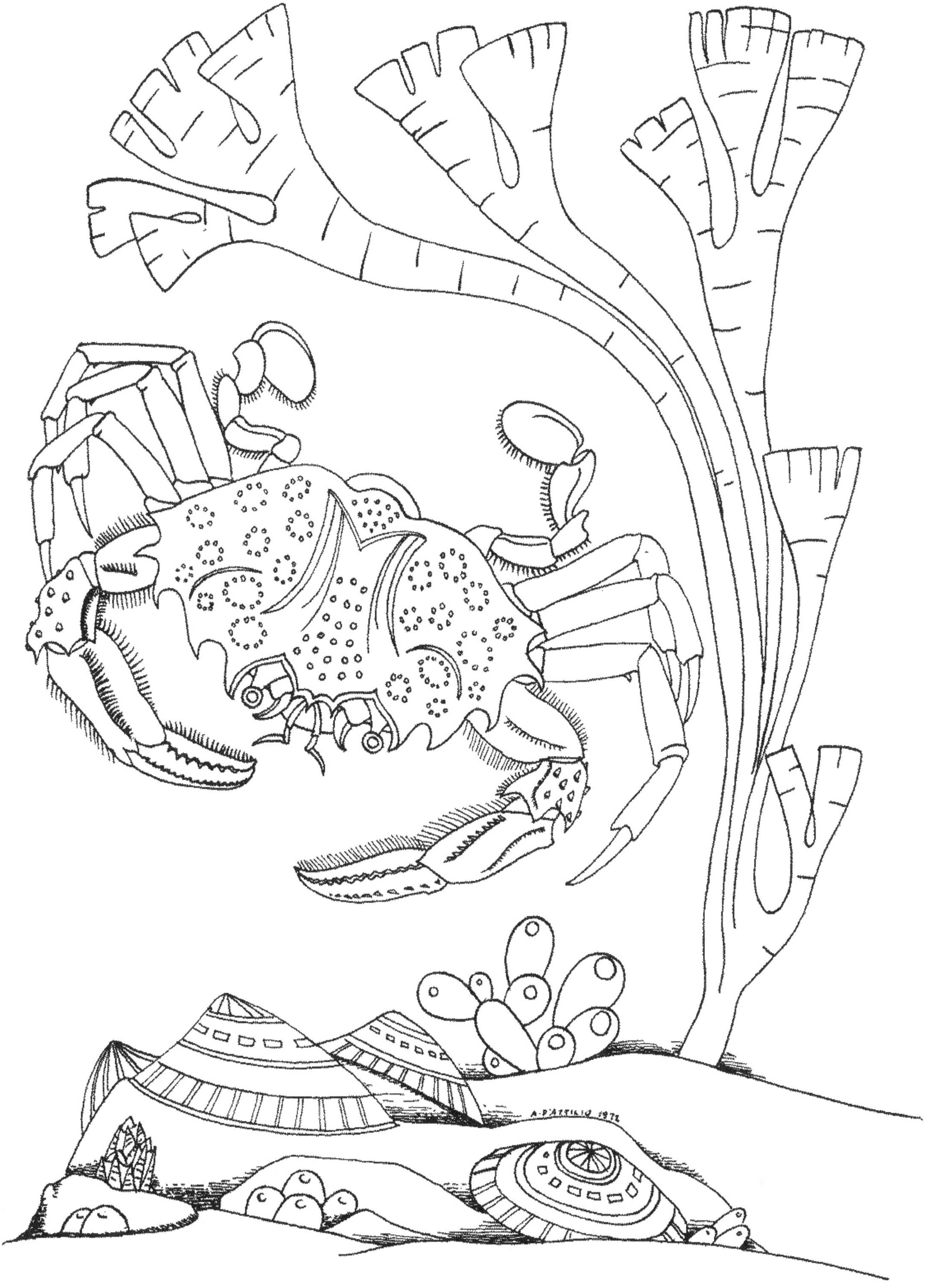
A. D'ATTILIO 1972

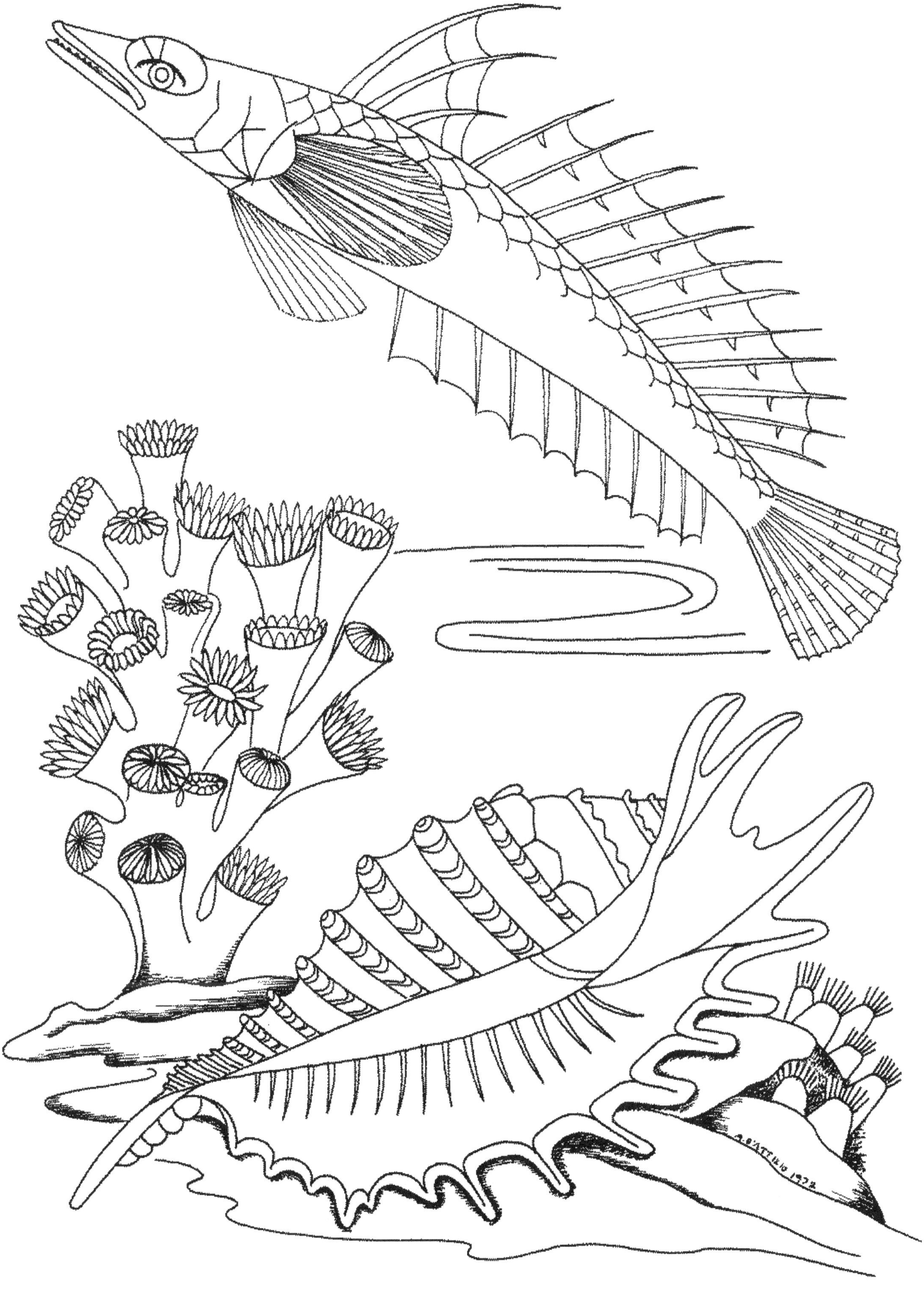
A. D'ATTILIO 1972

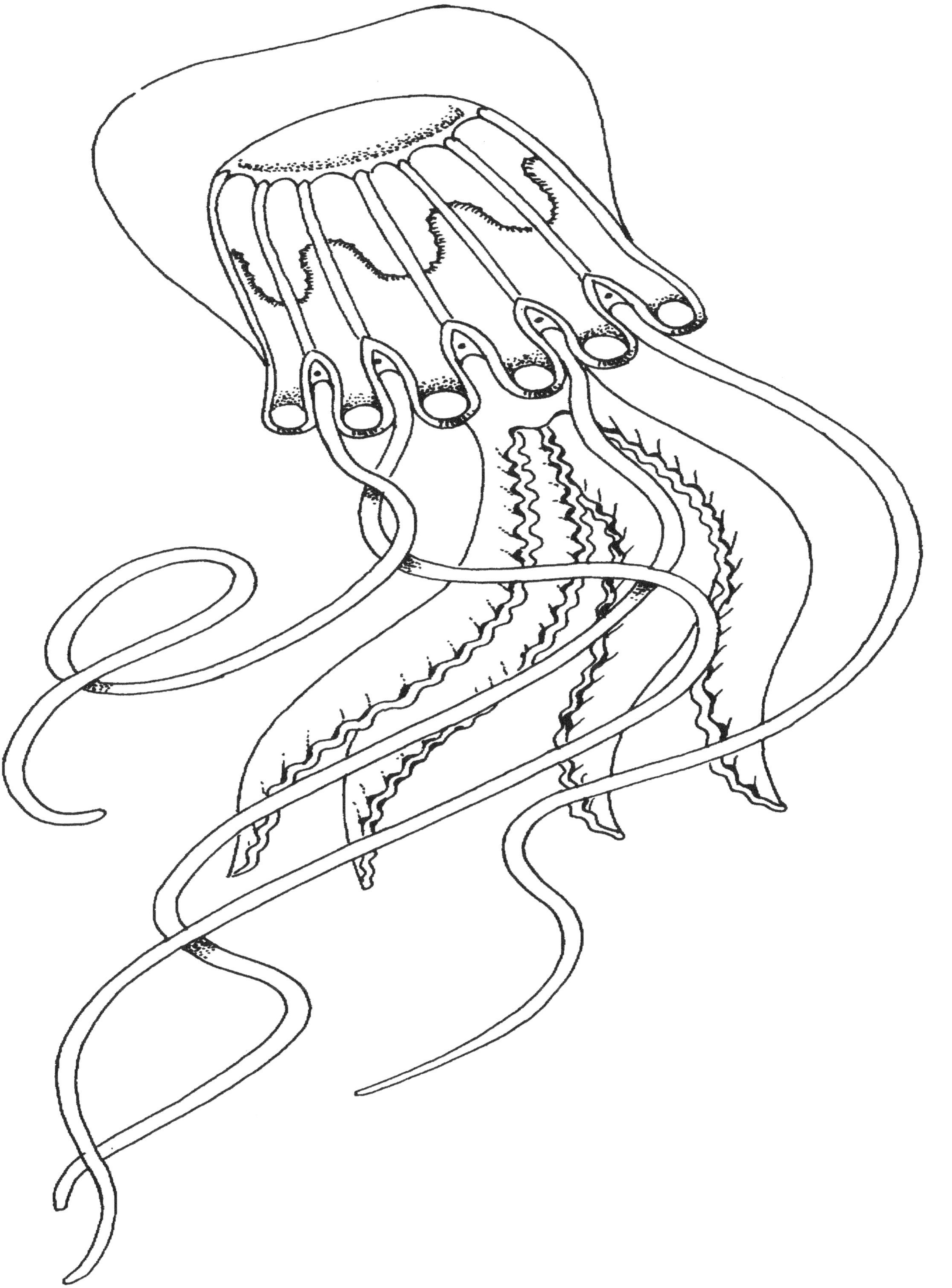

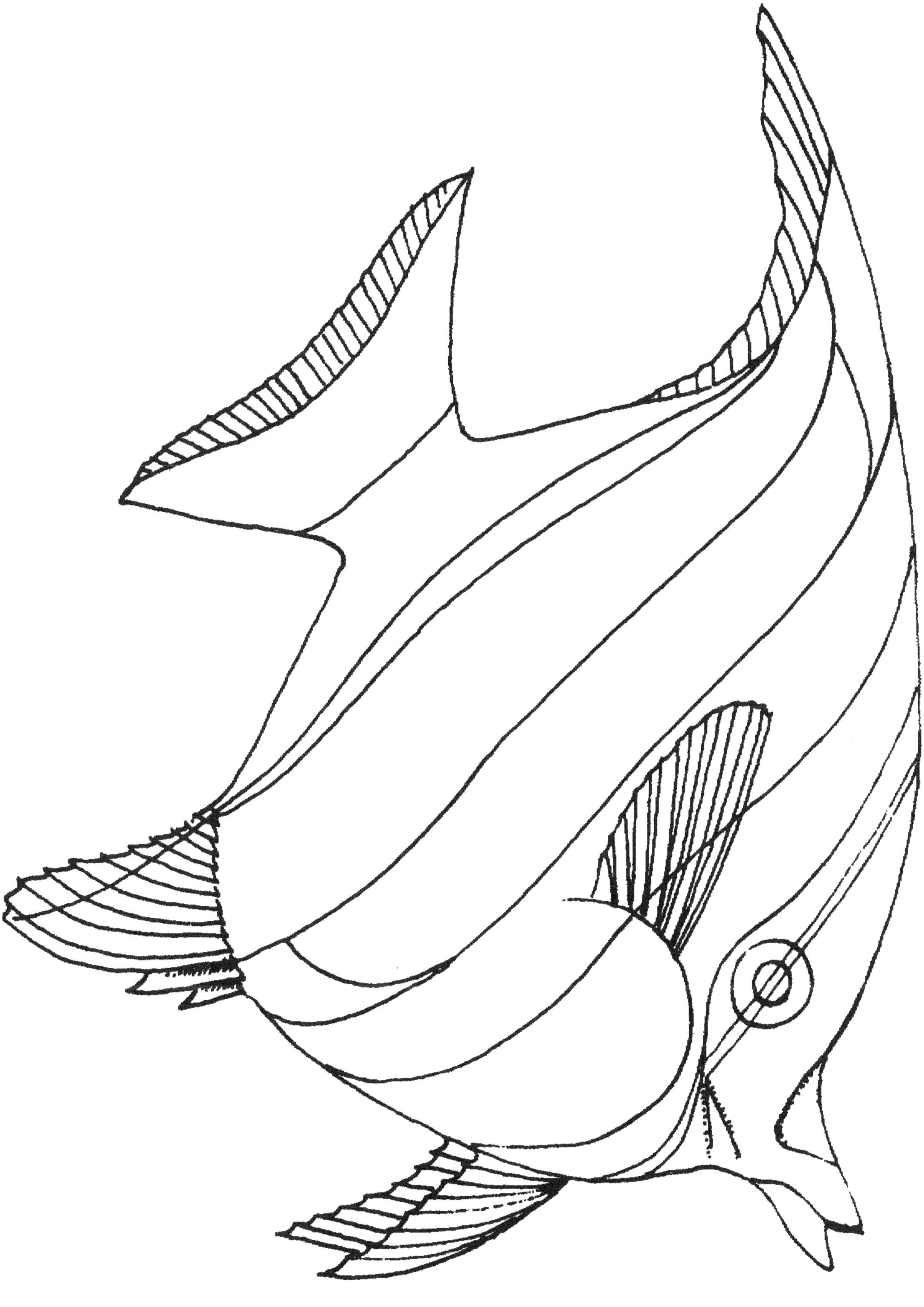

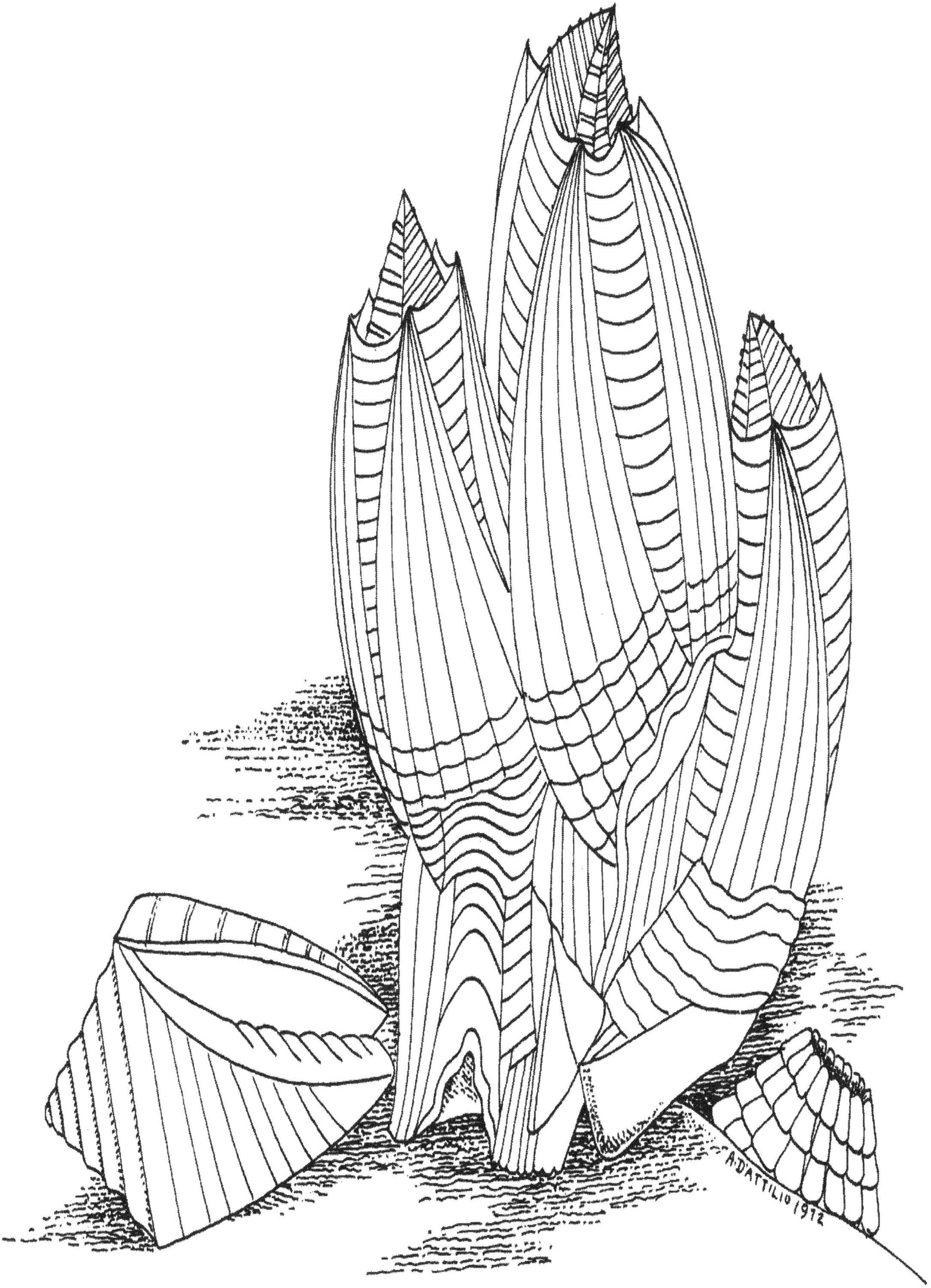
A. D'ATTILIO 1972

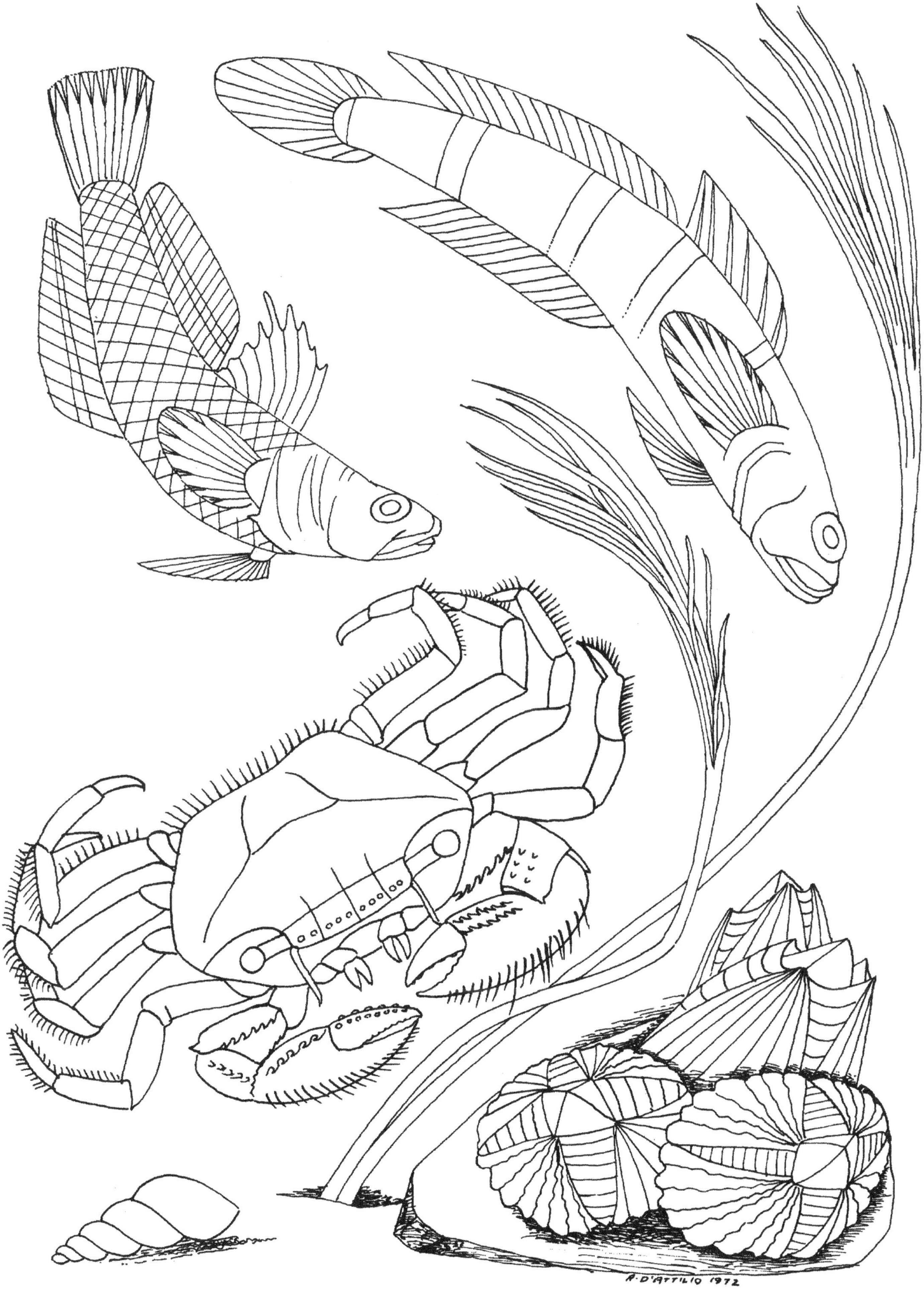
A. D'ATTILIO 1972

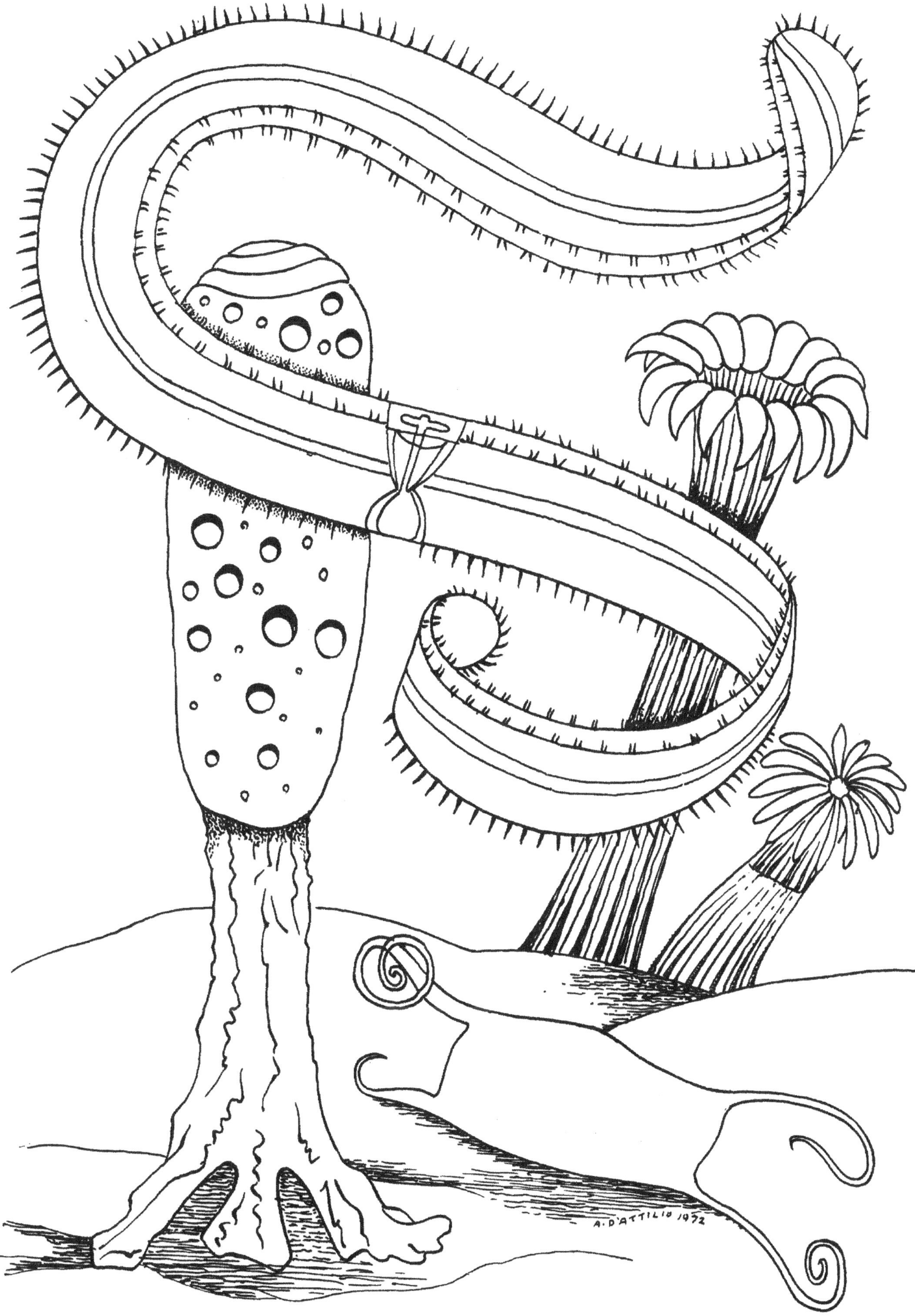
A. D'ATTILIO 1972

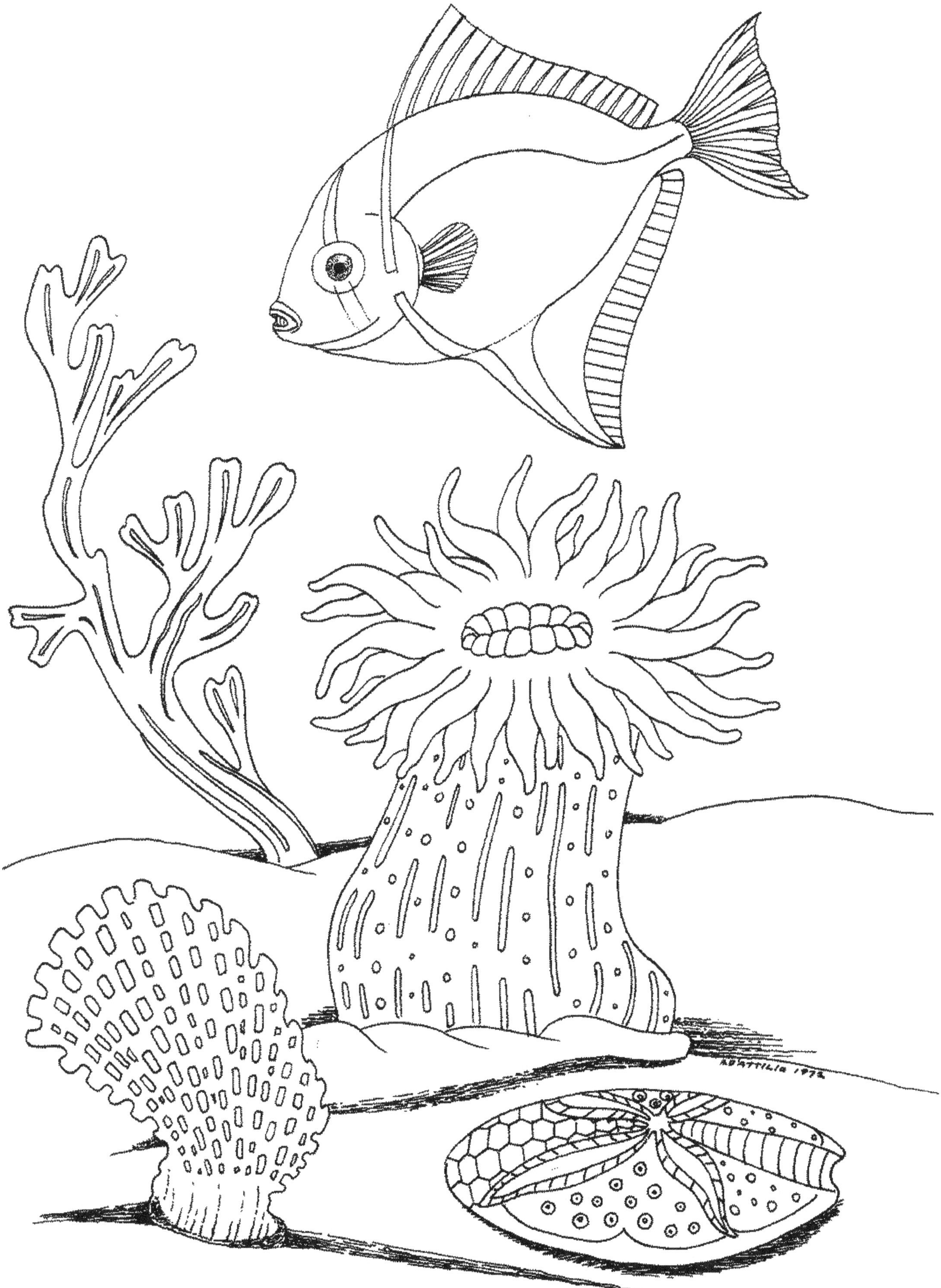

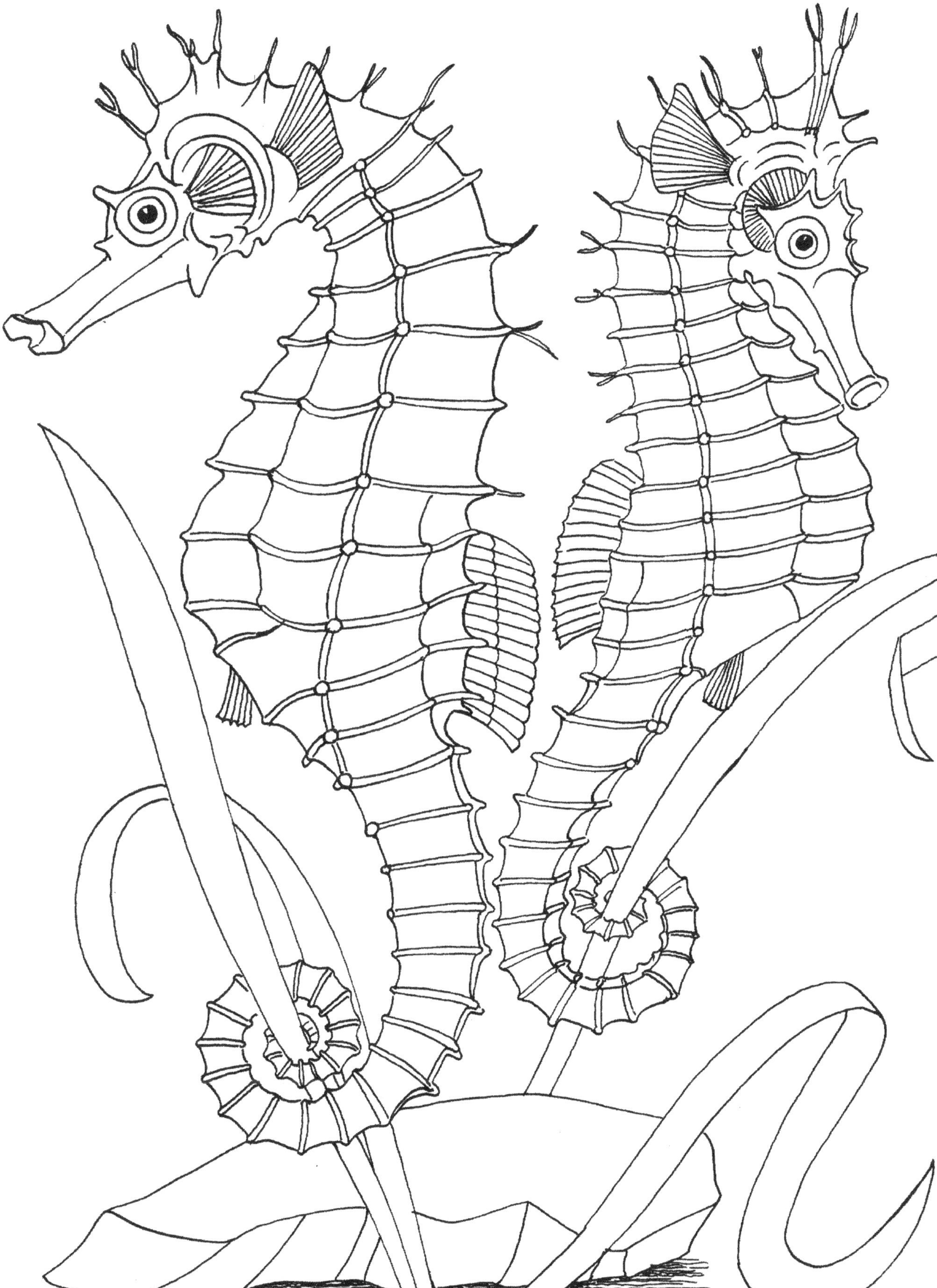
A. D'ATTILIO 1972

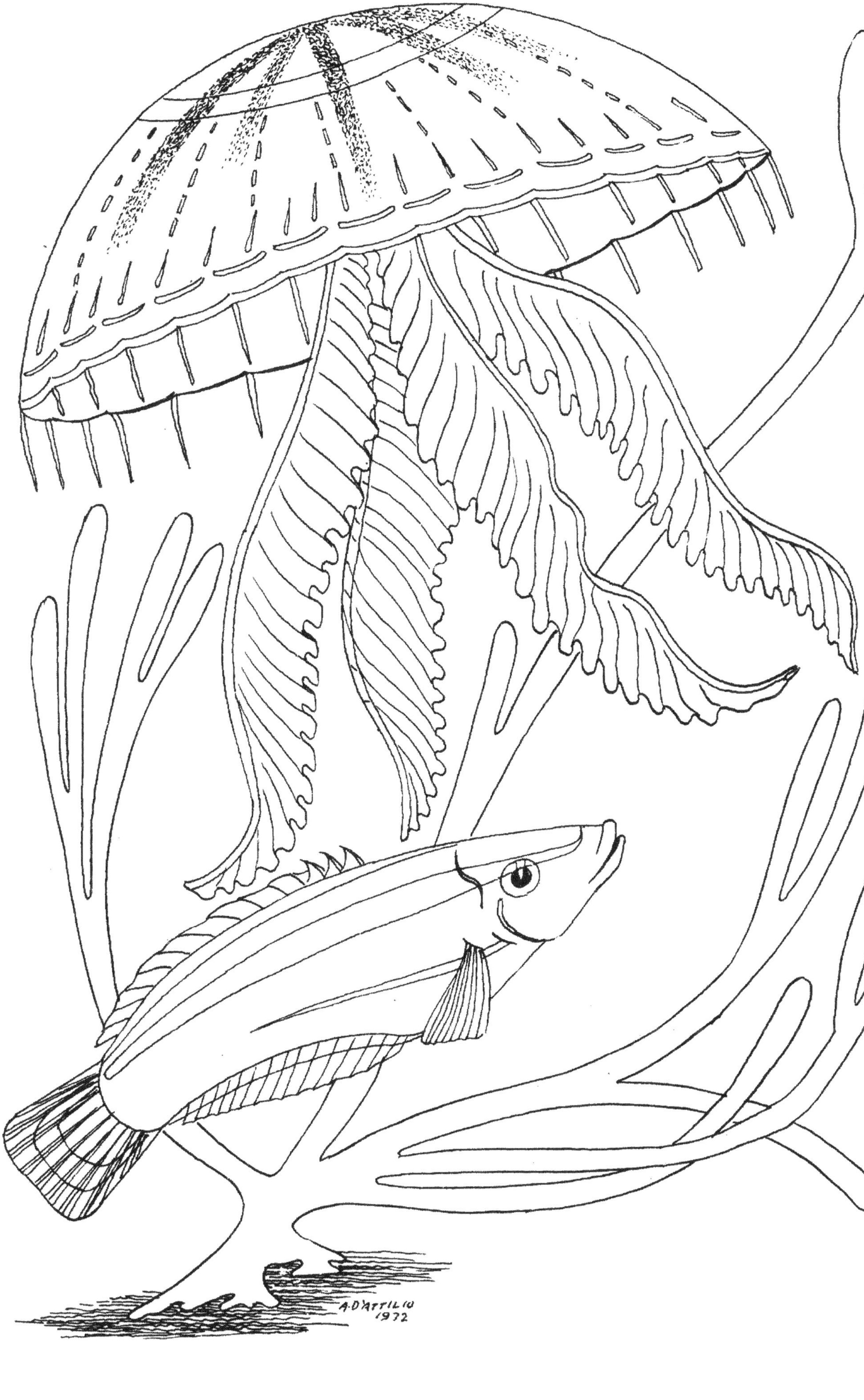
A.D'ATTILIO
1972

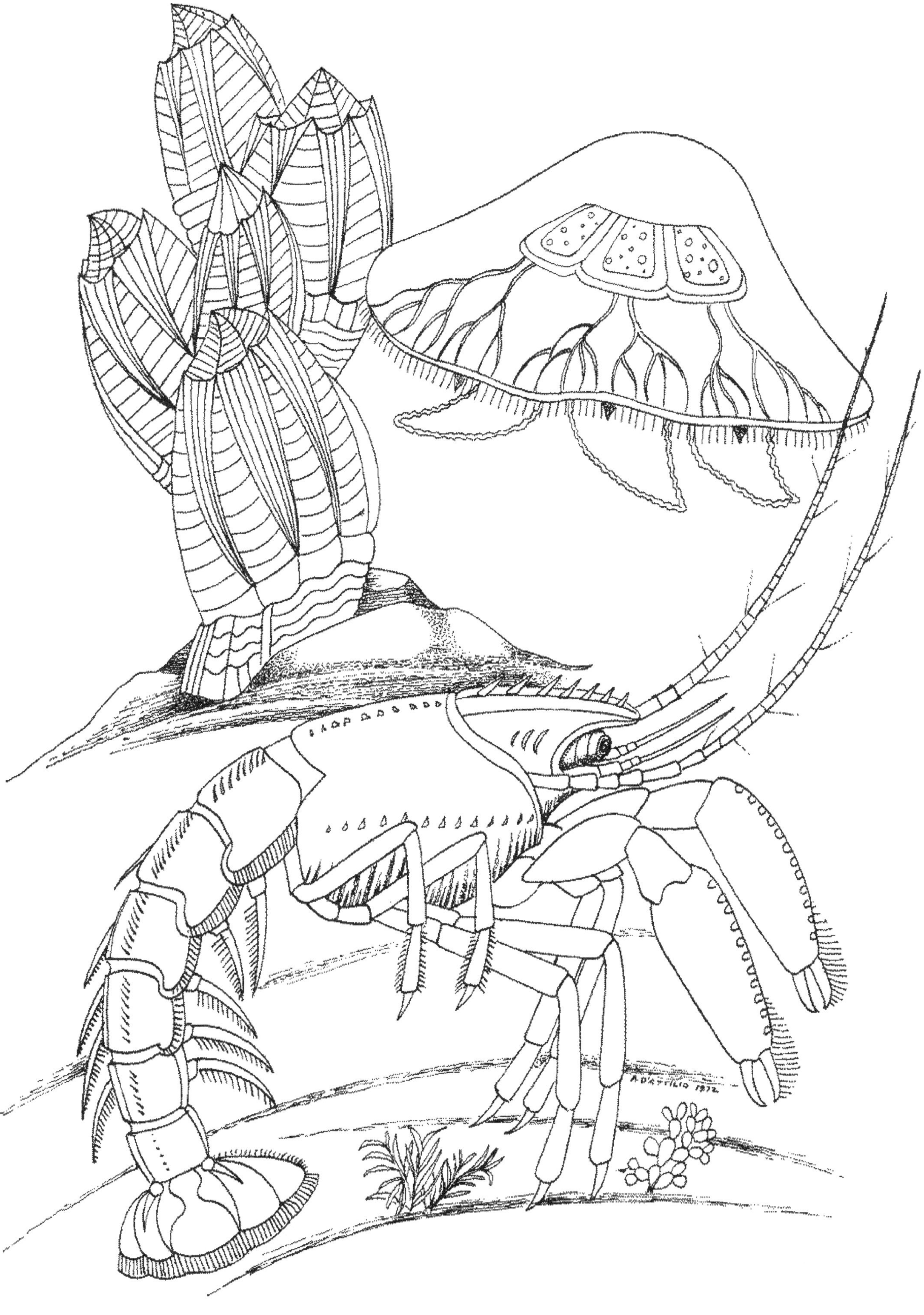
A D'ATTILIO 1972

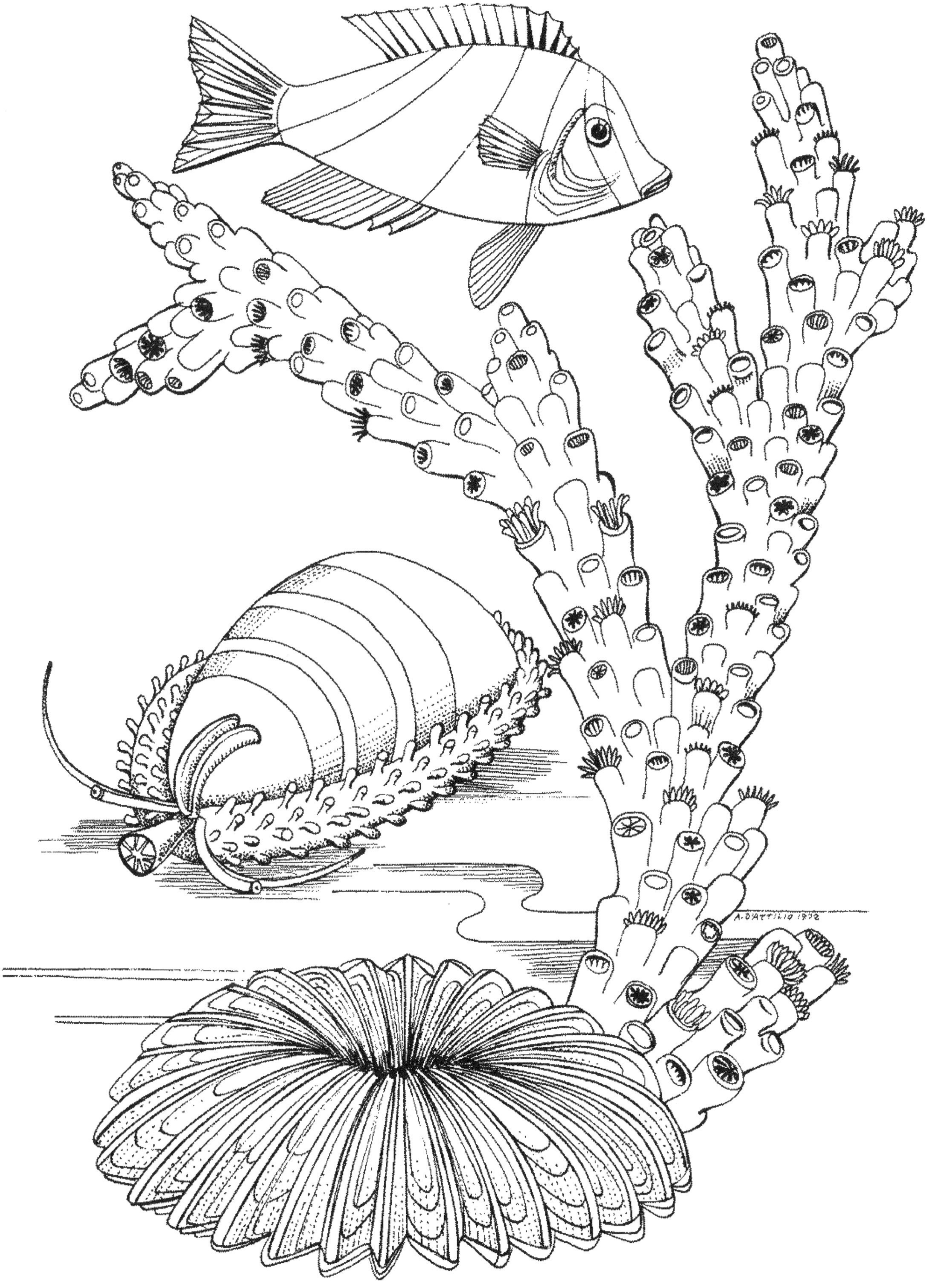
A. D'ATTILIO

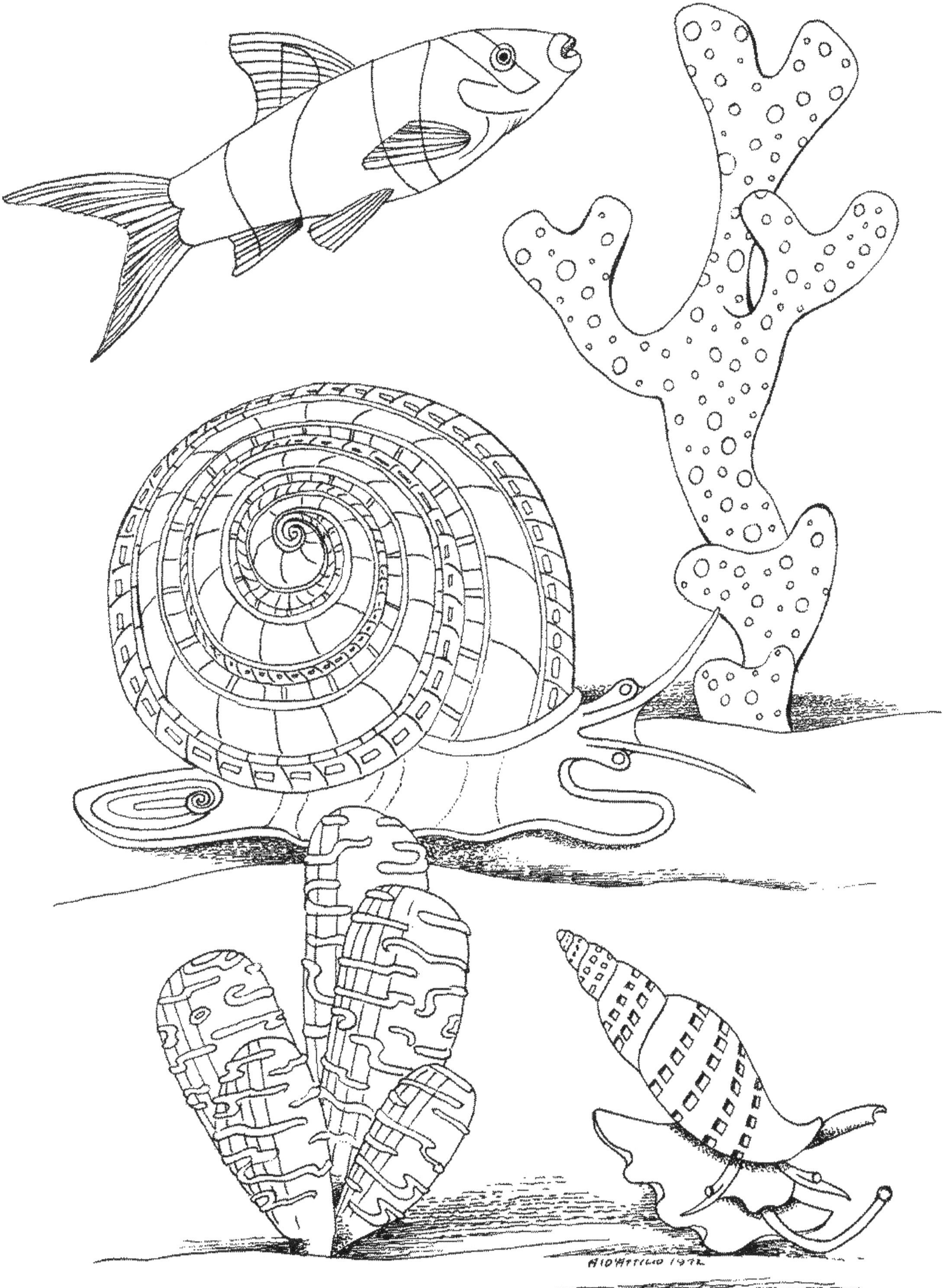

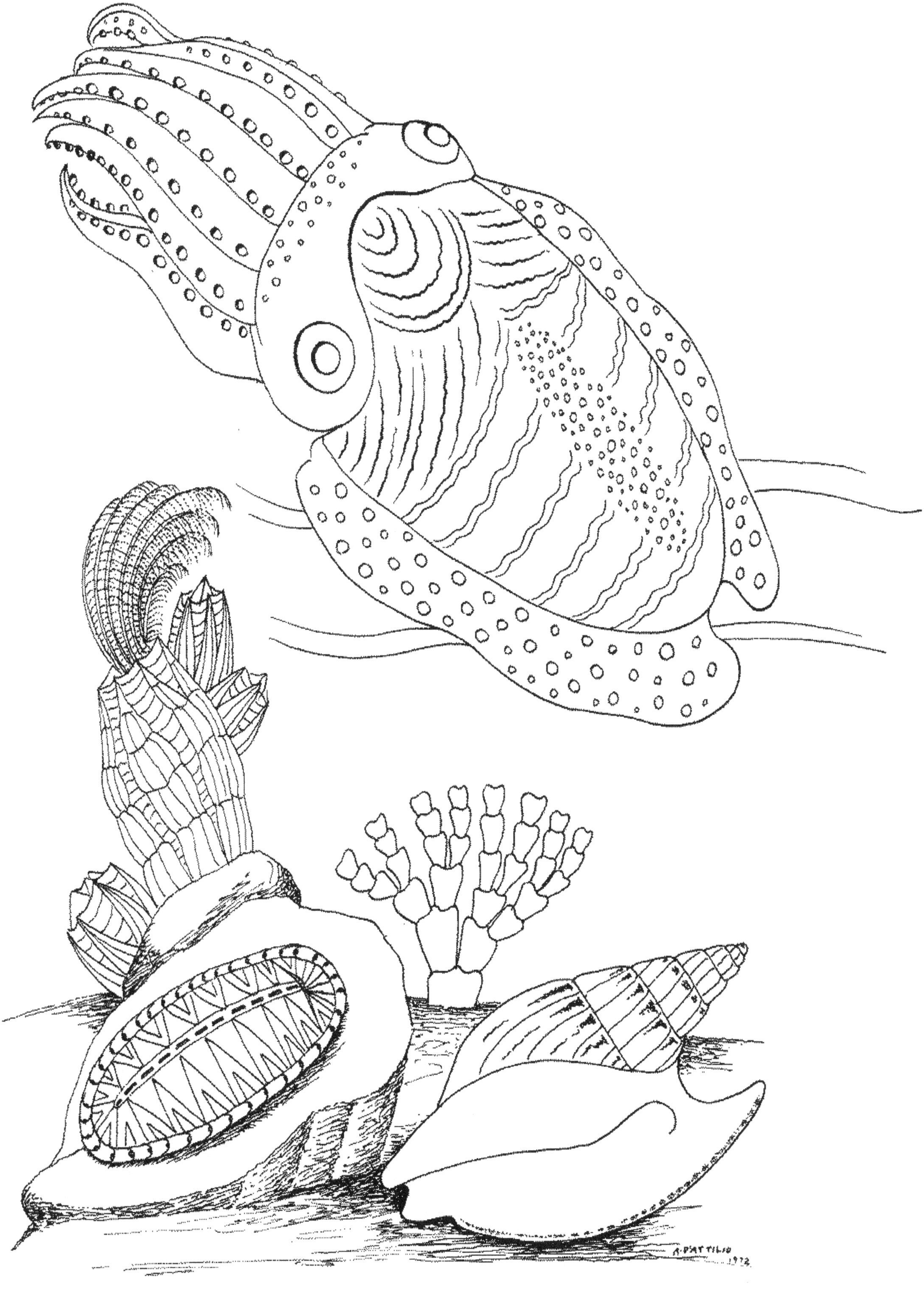
A·D'ATTILIO
1972

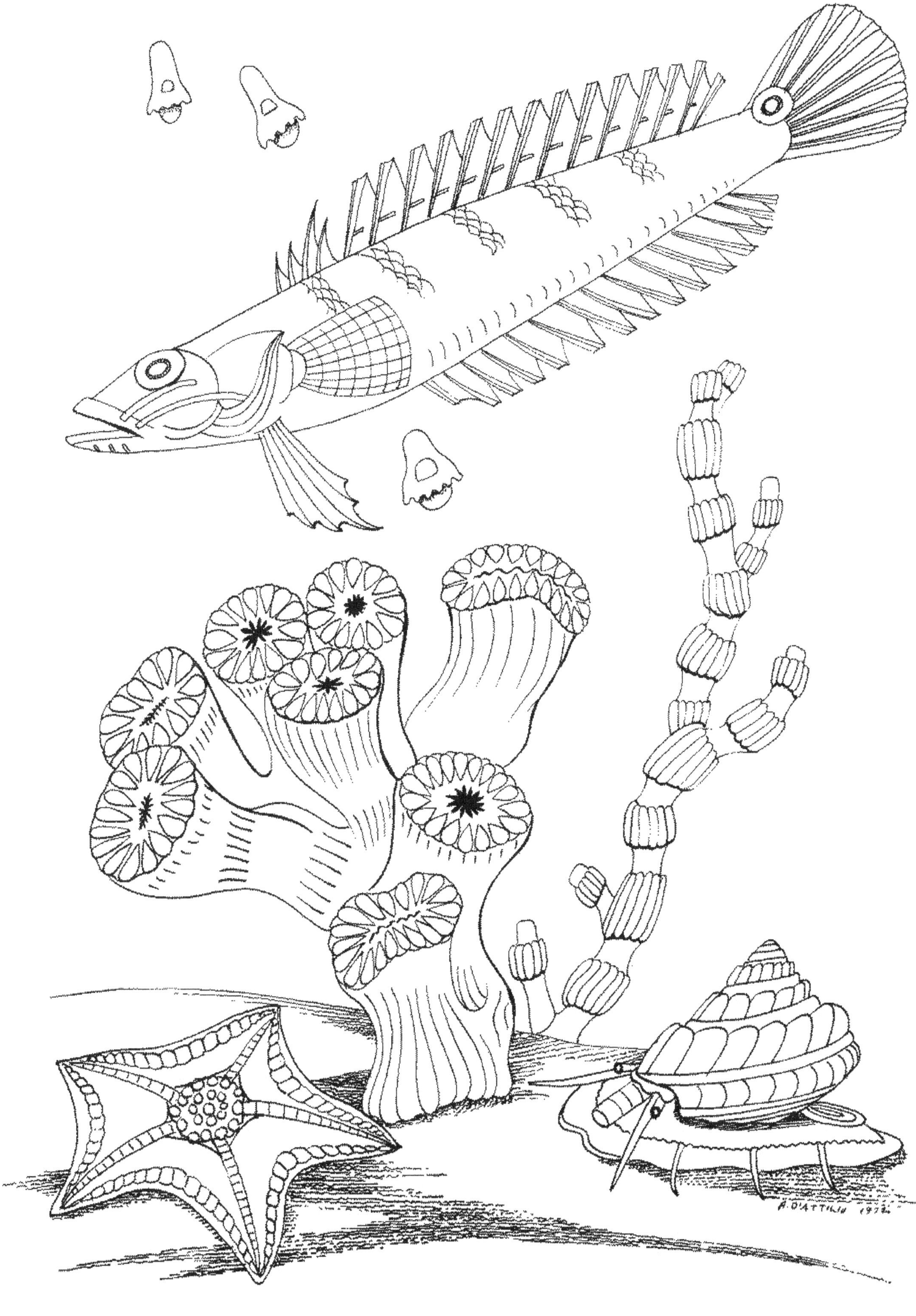

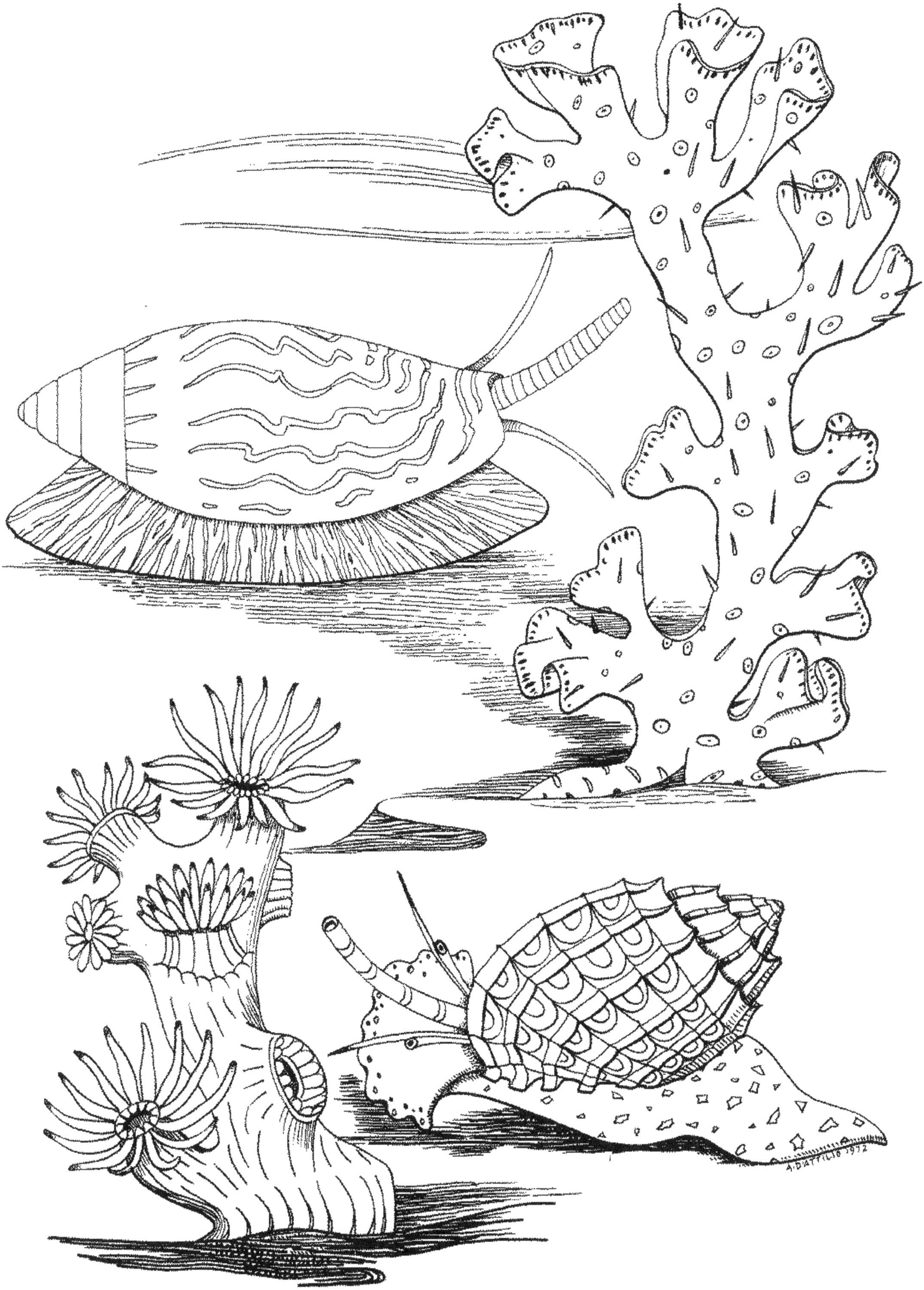
A. DATTILIO 1972

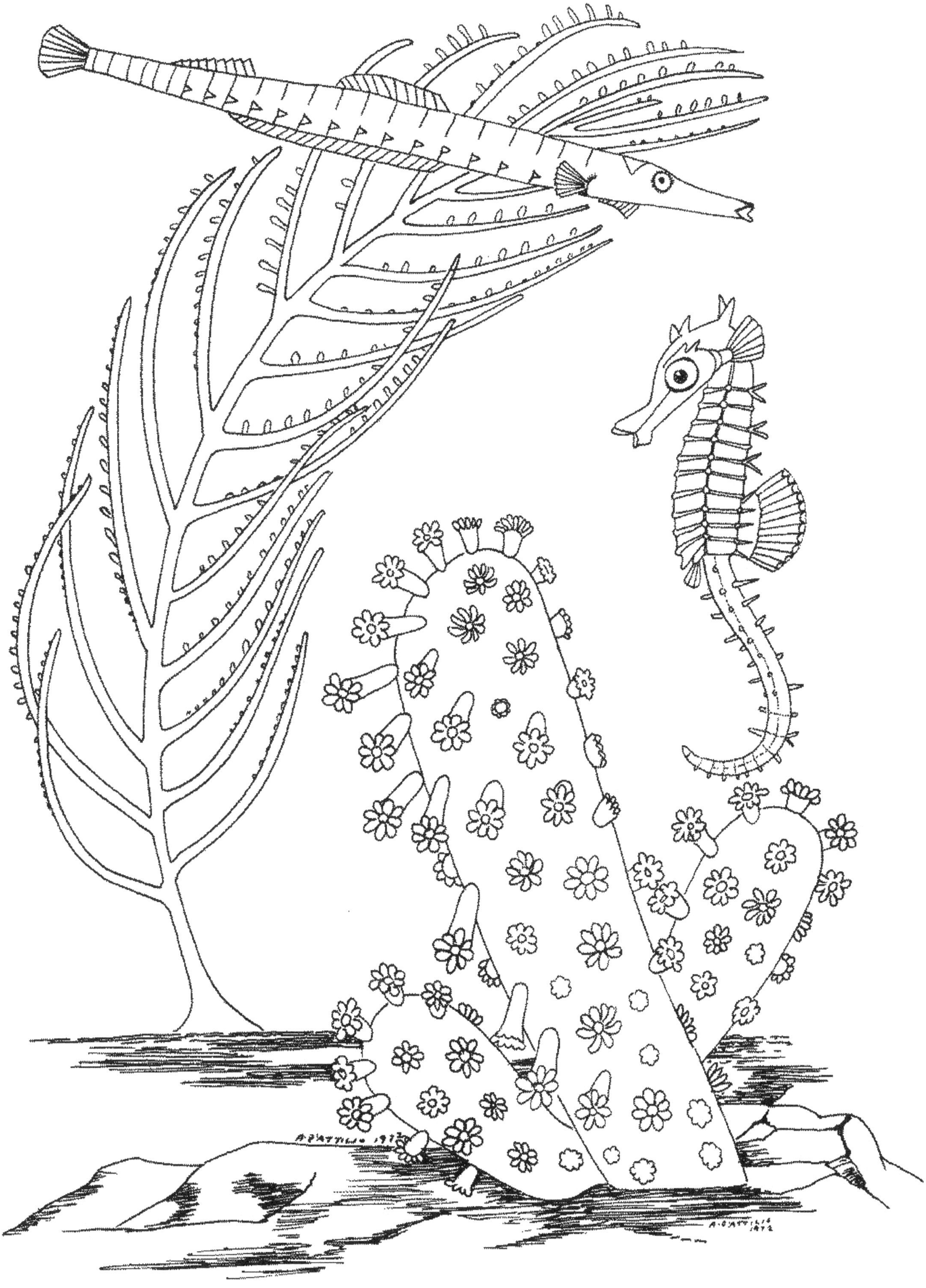

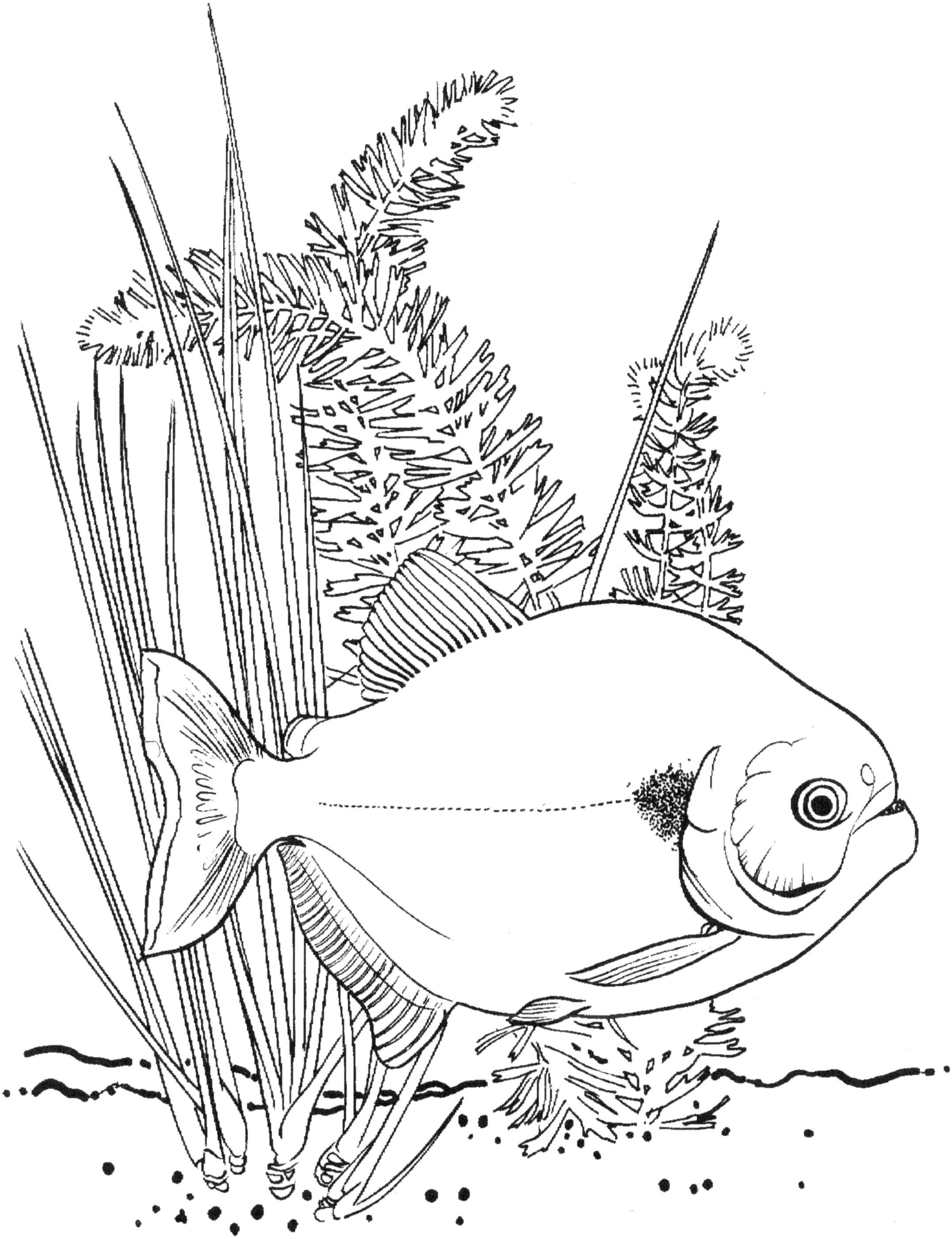

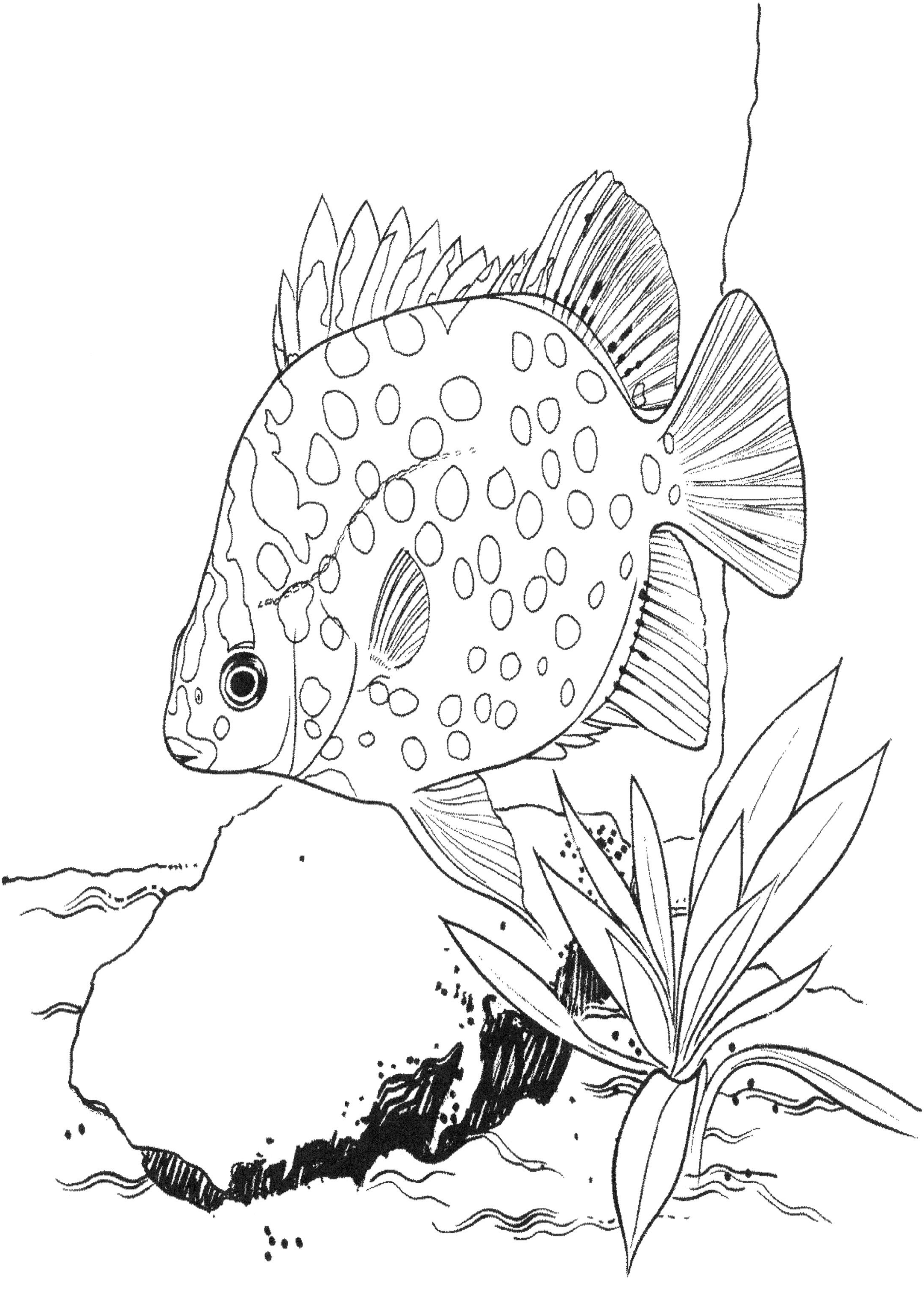

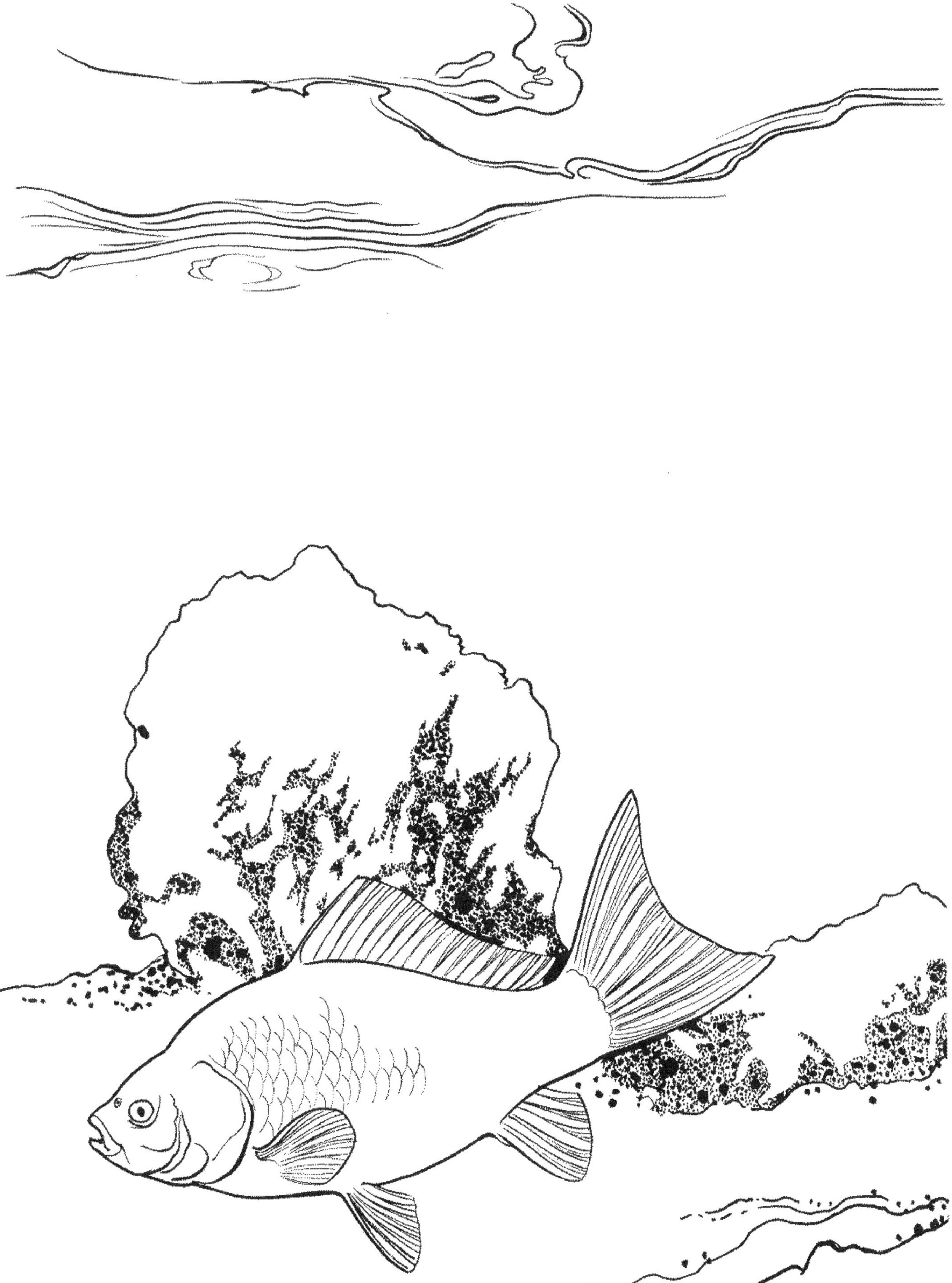

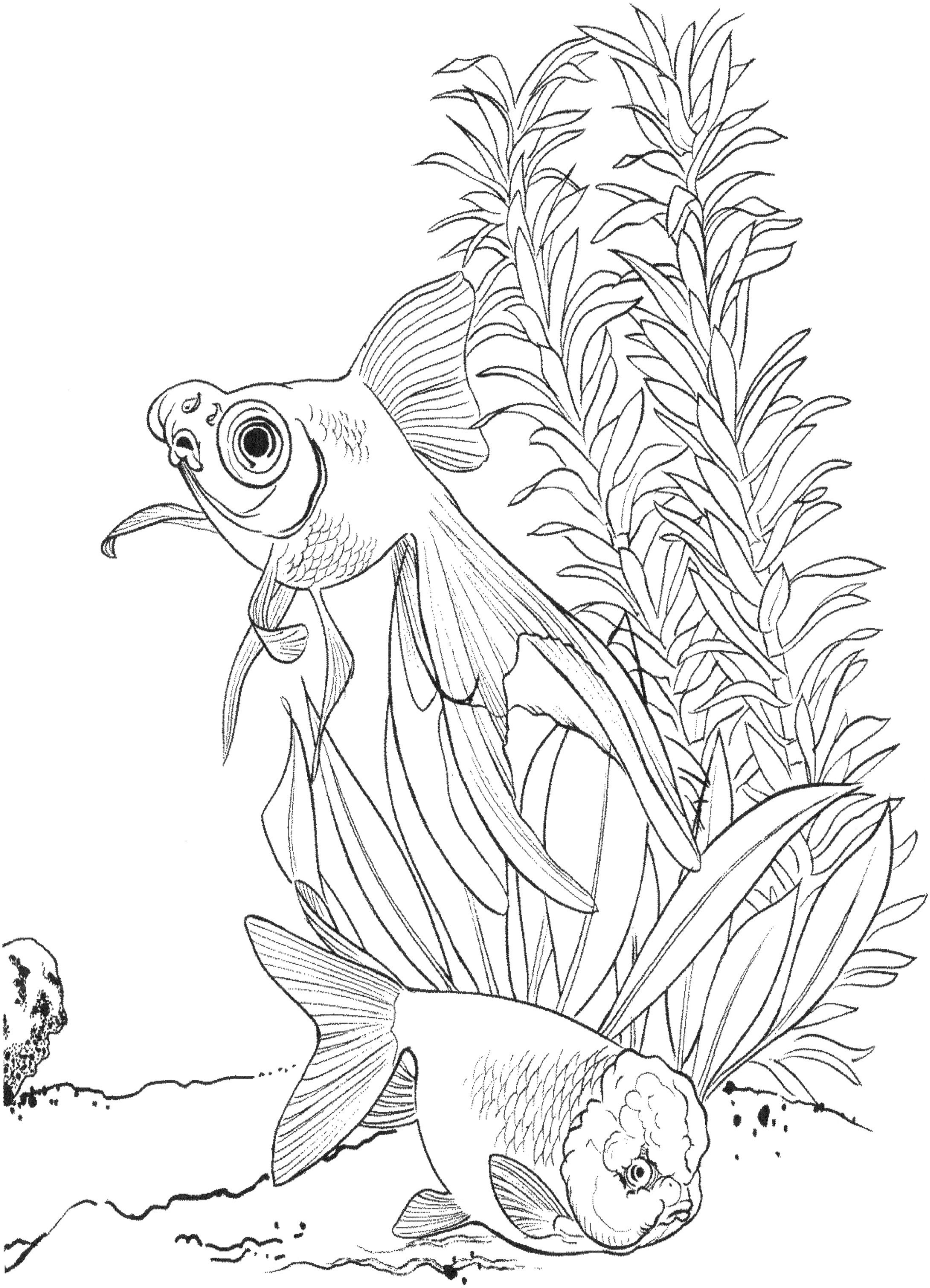

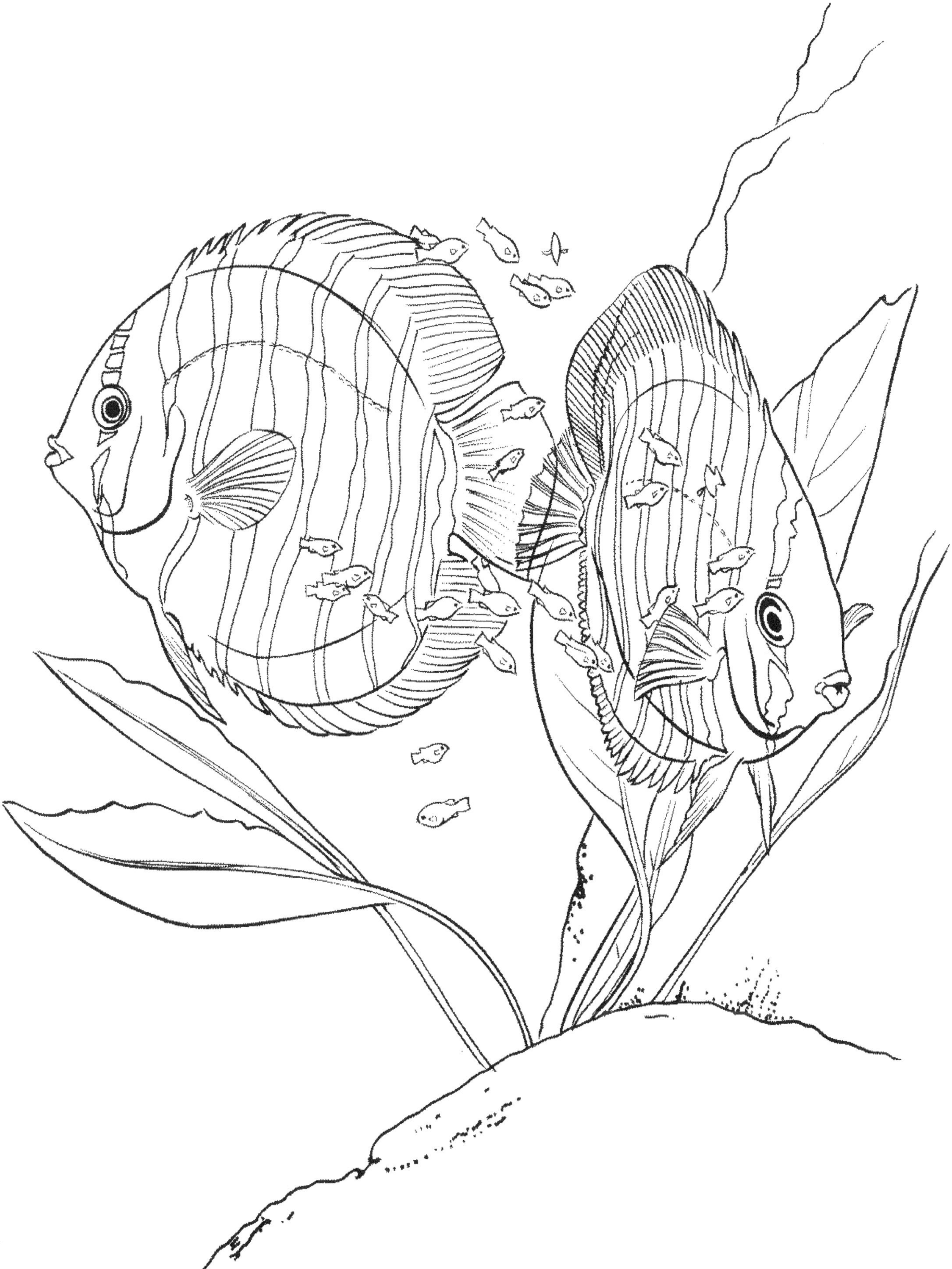

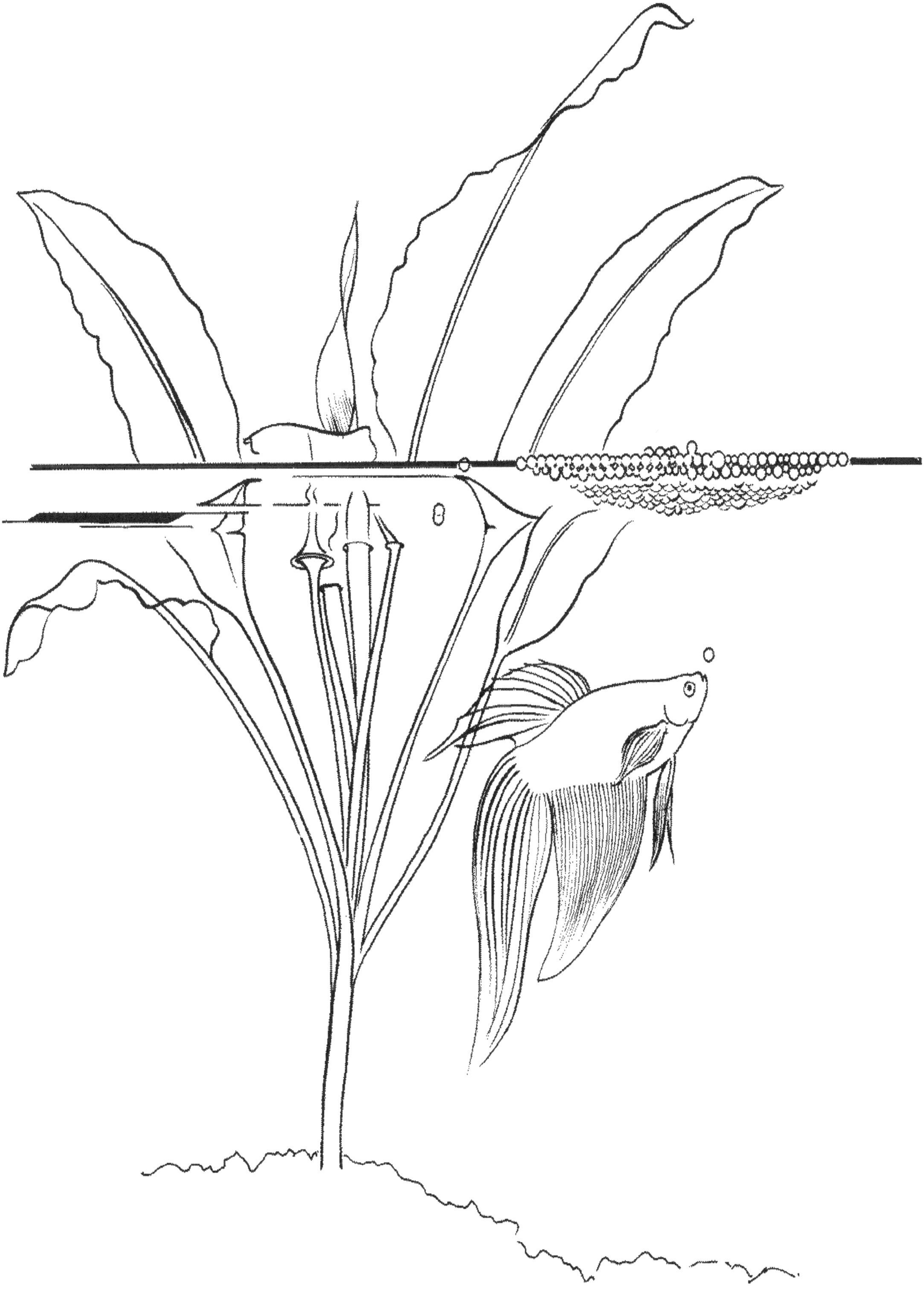

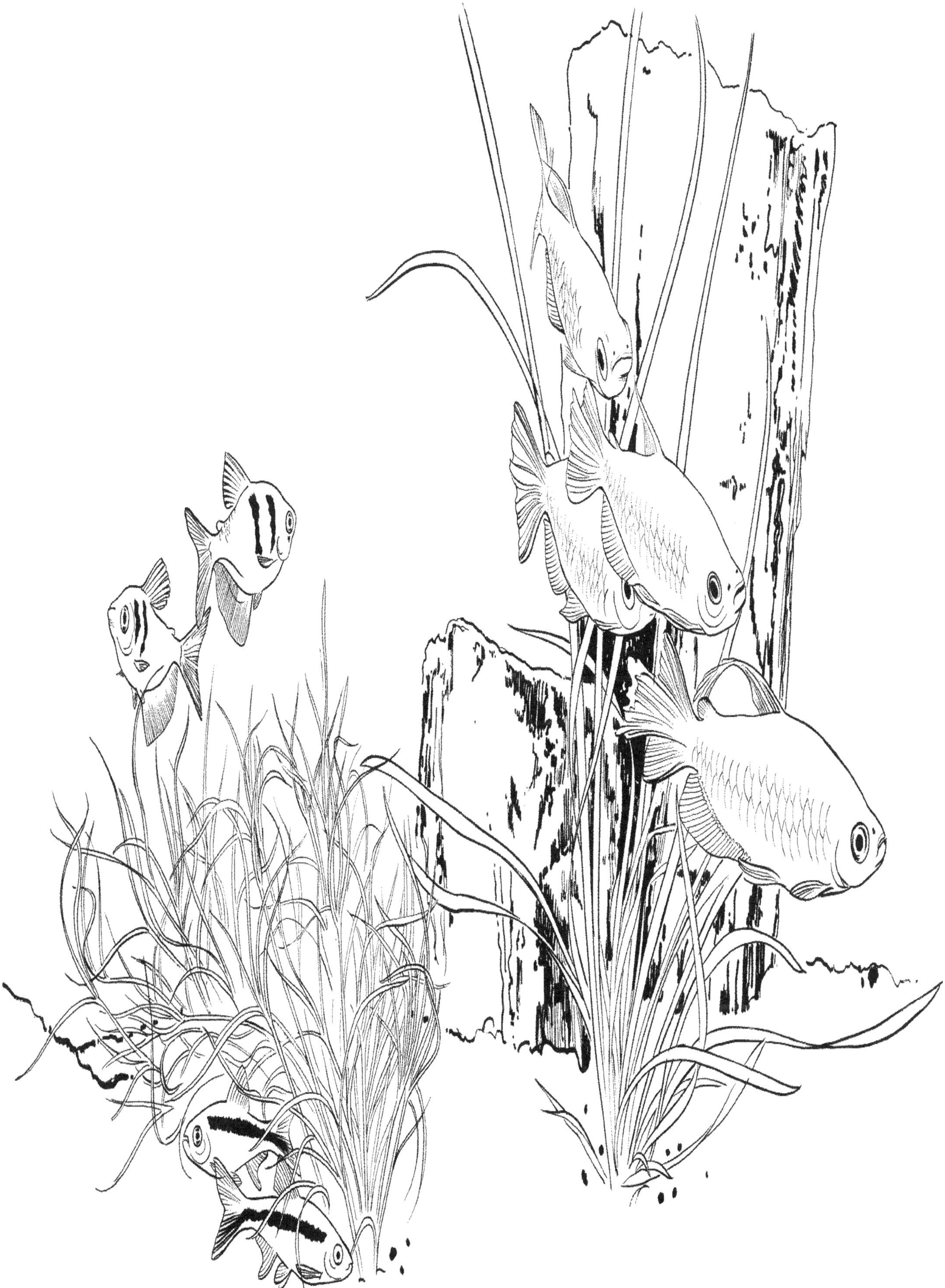

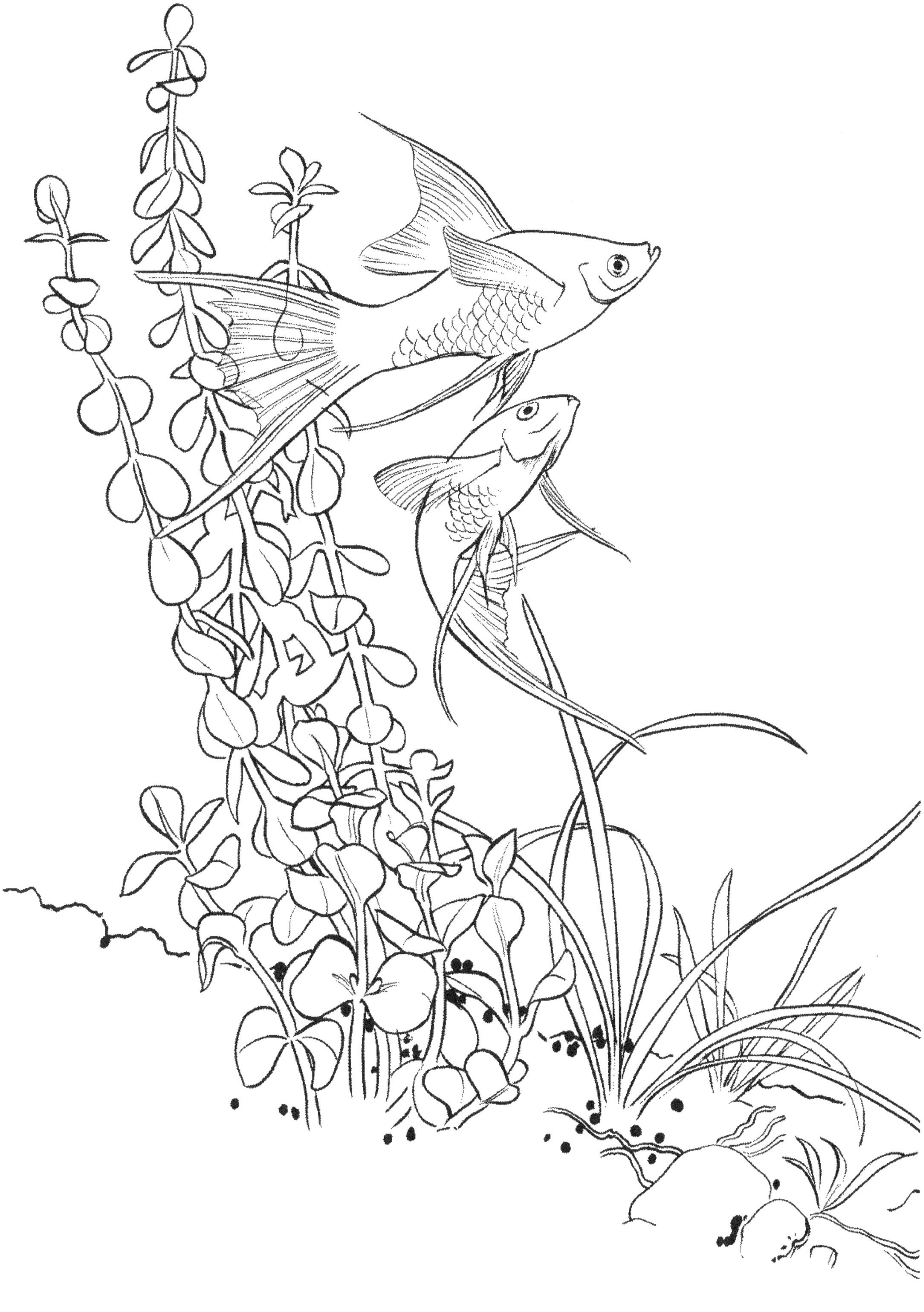

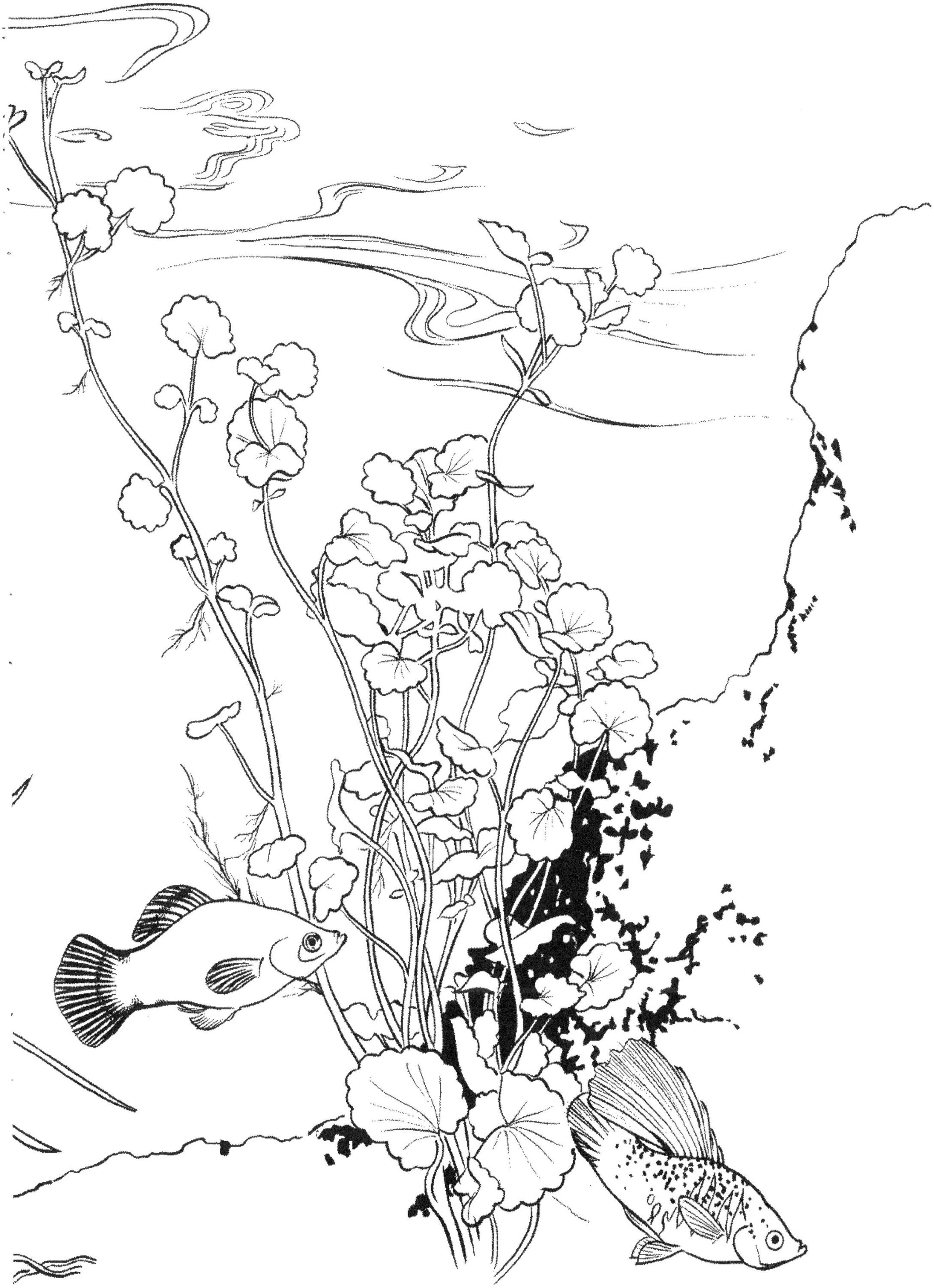

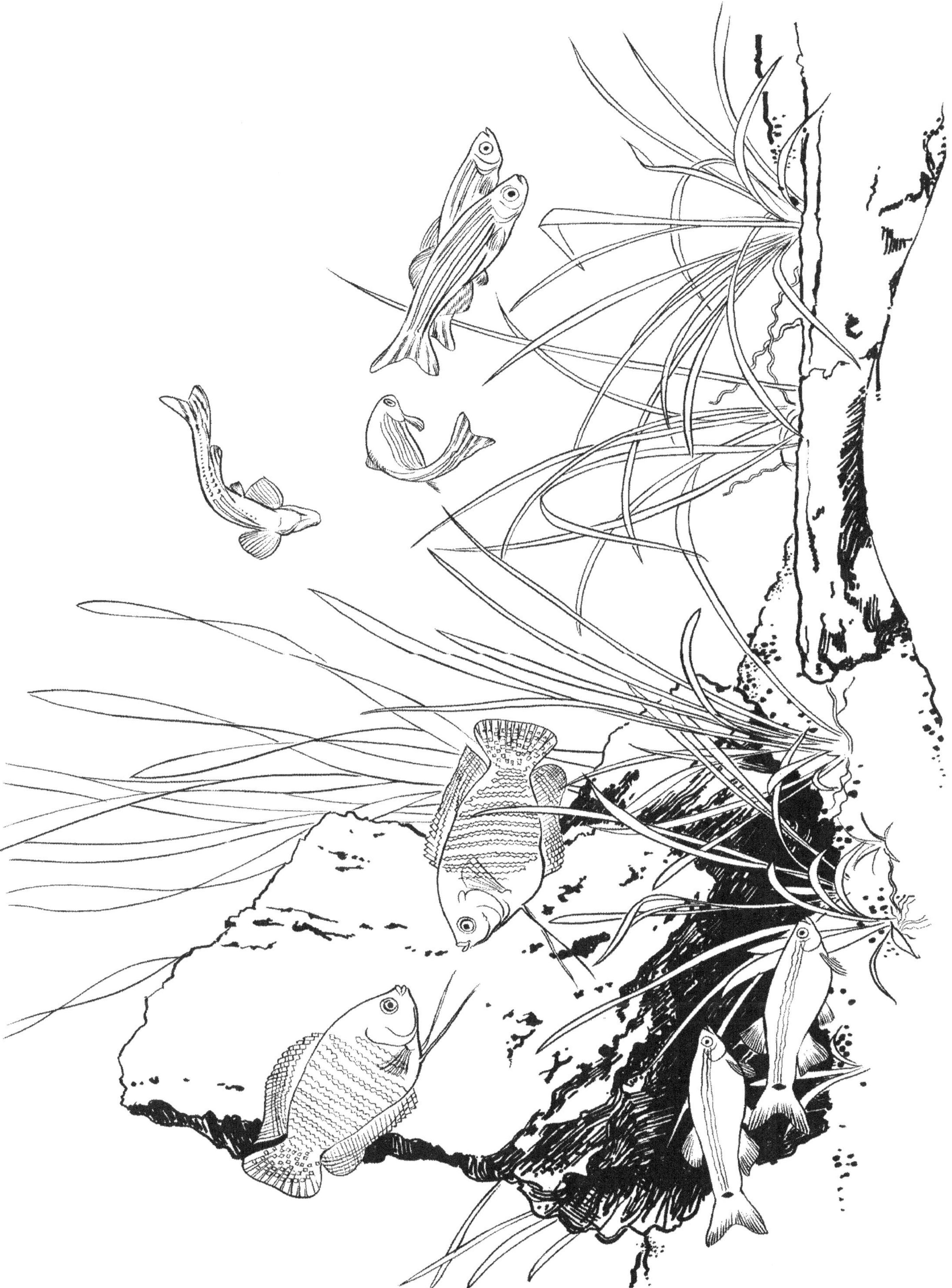

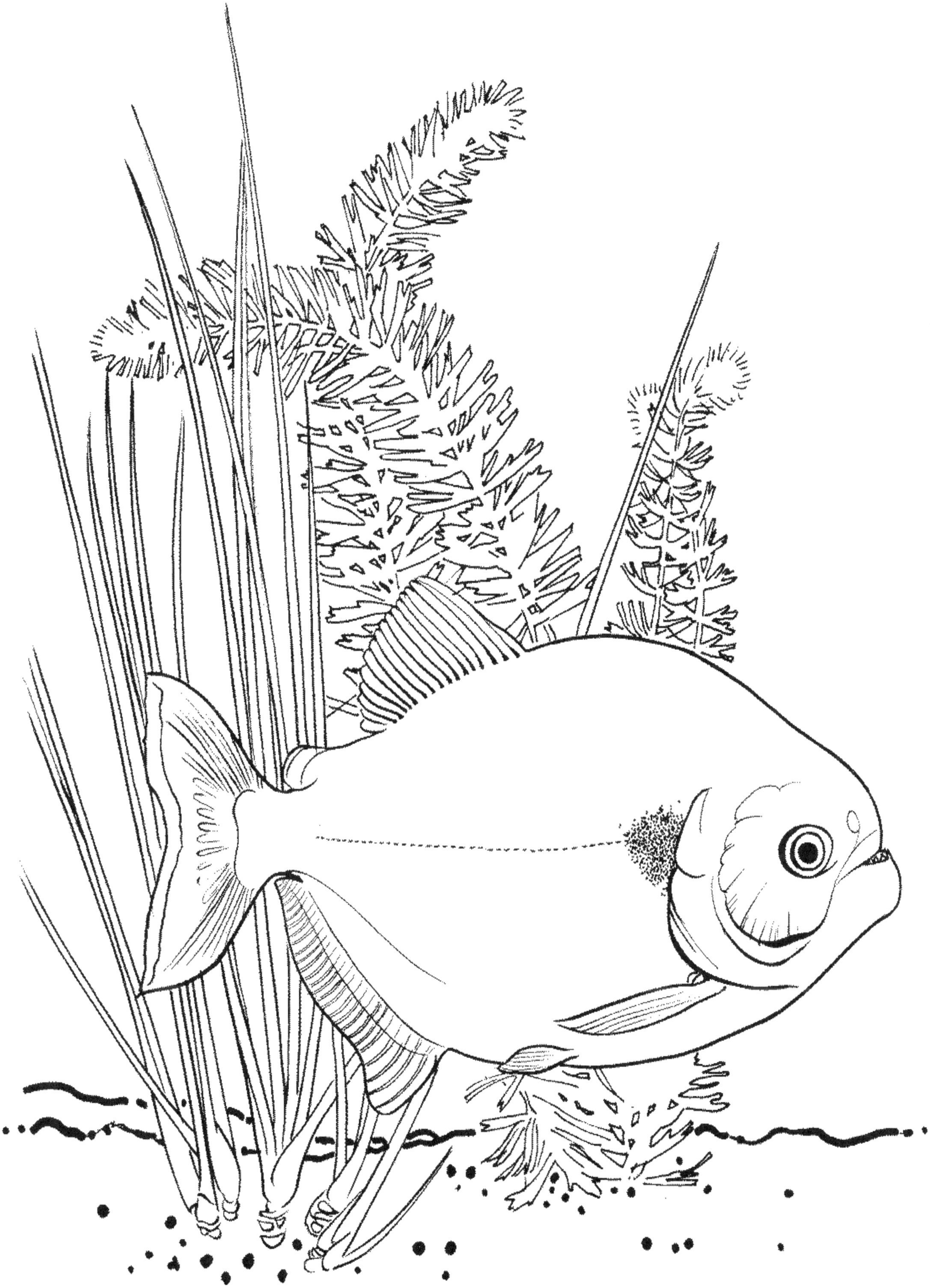

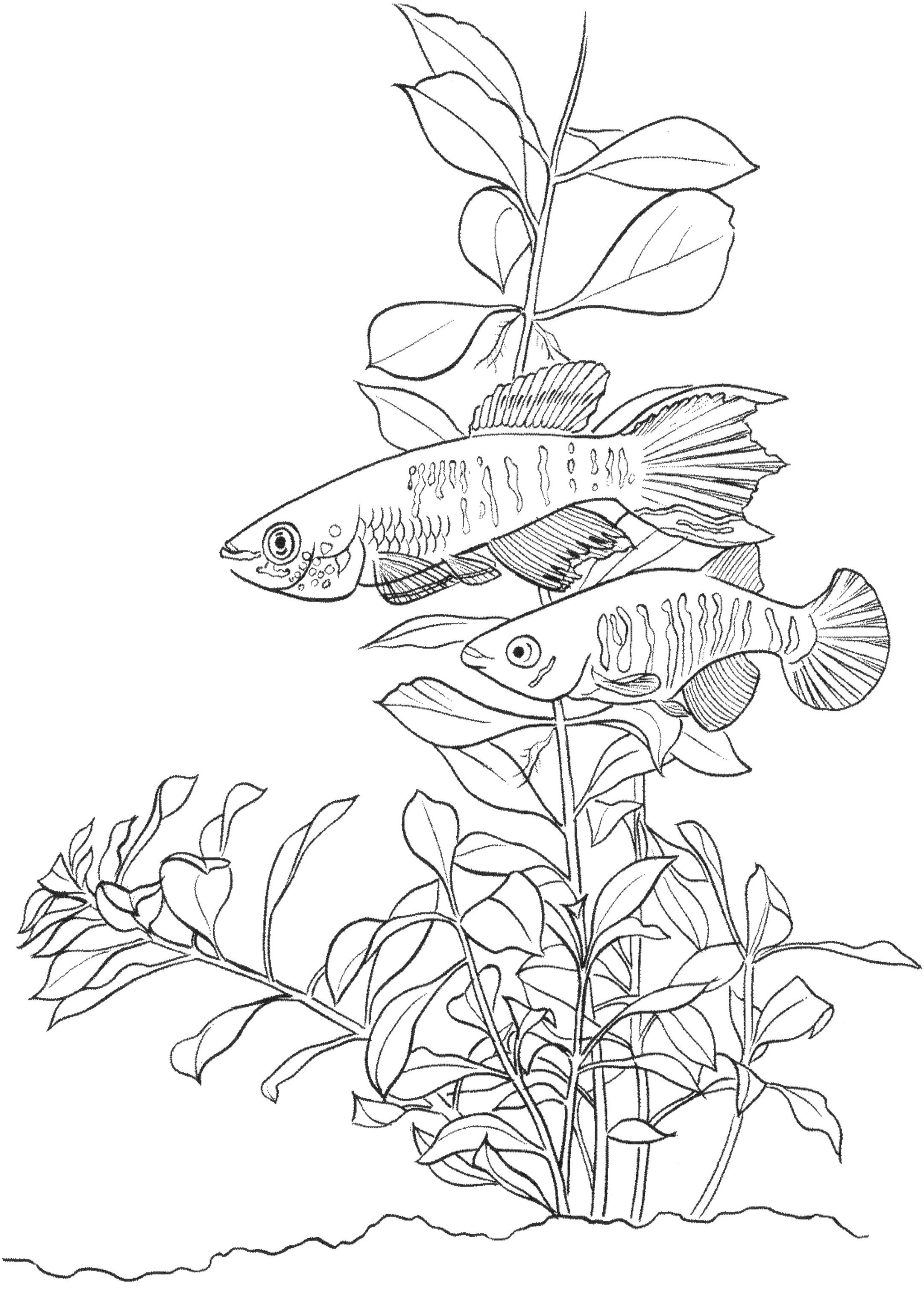

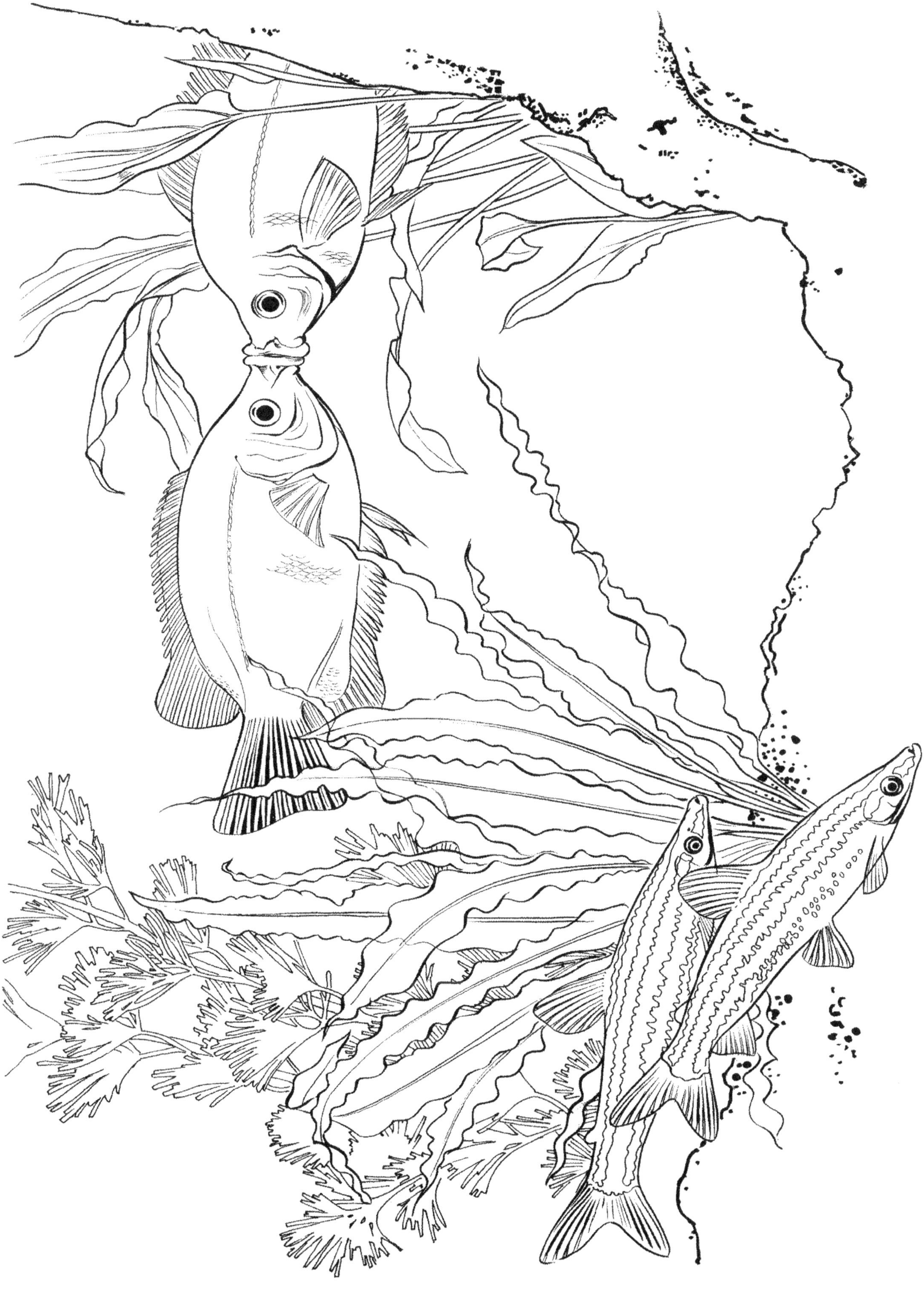

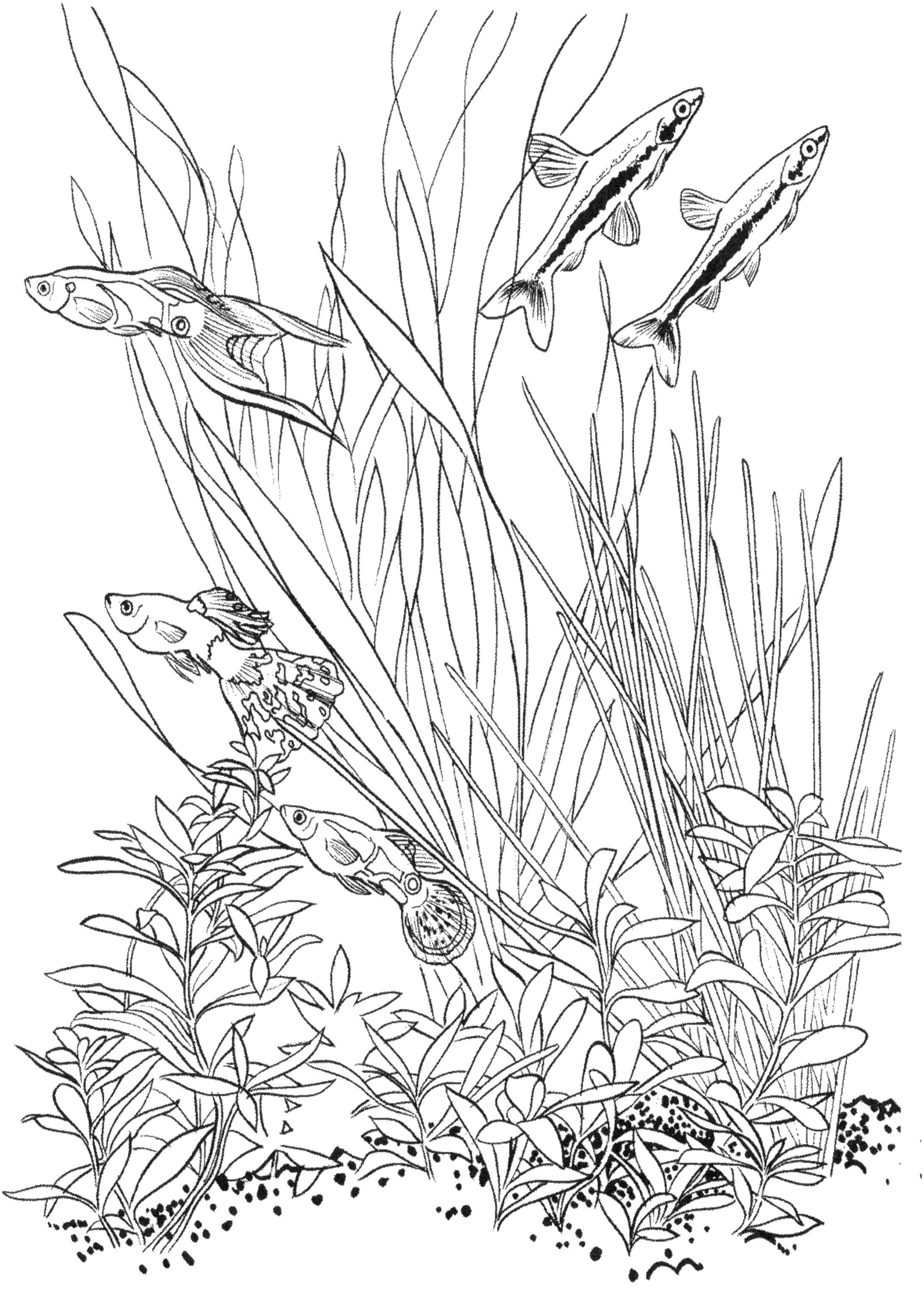

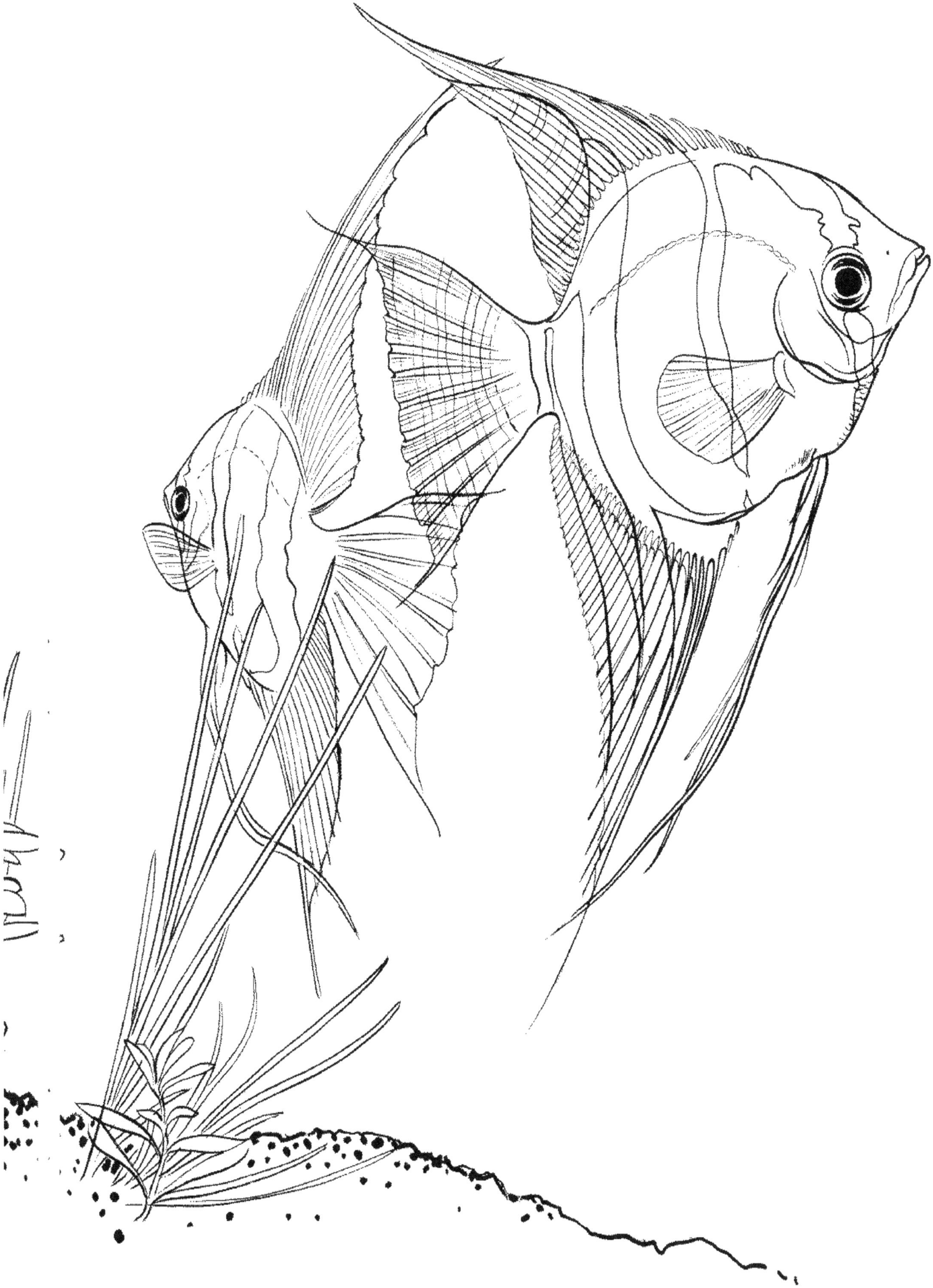

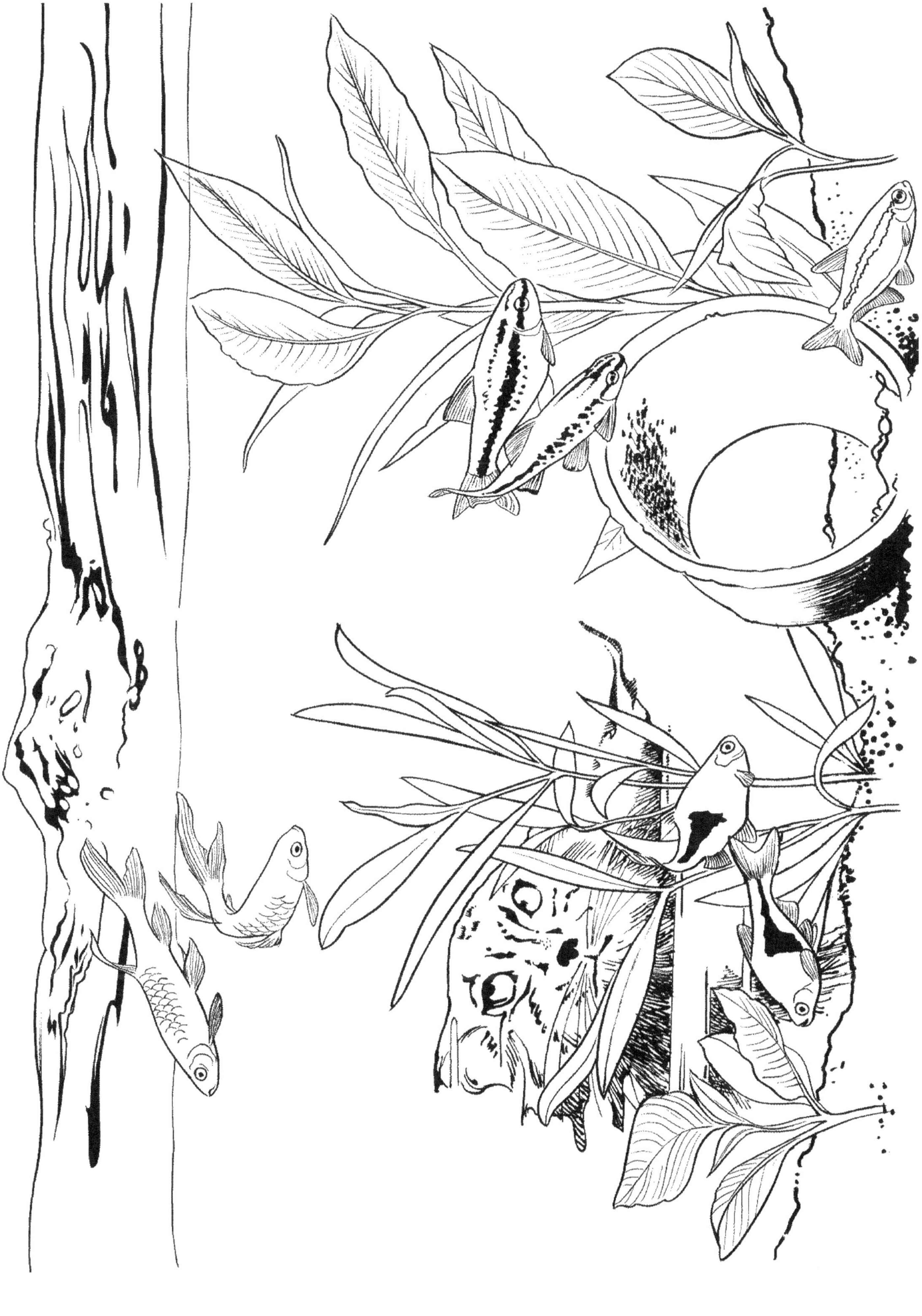

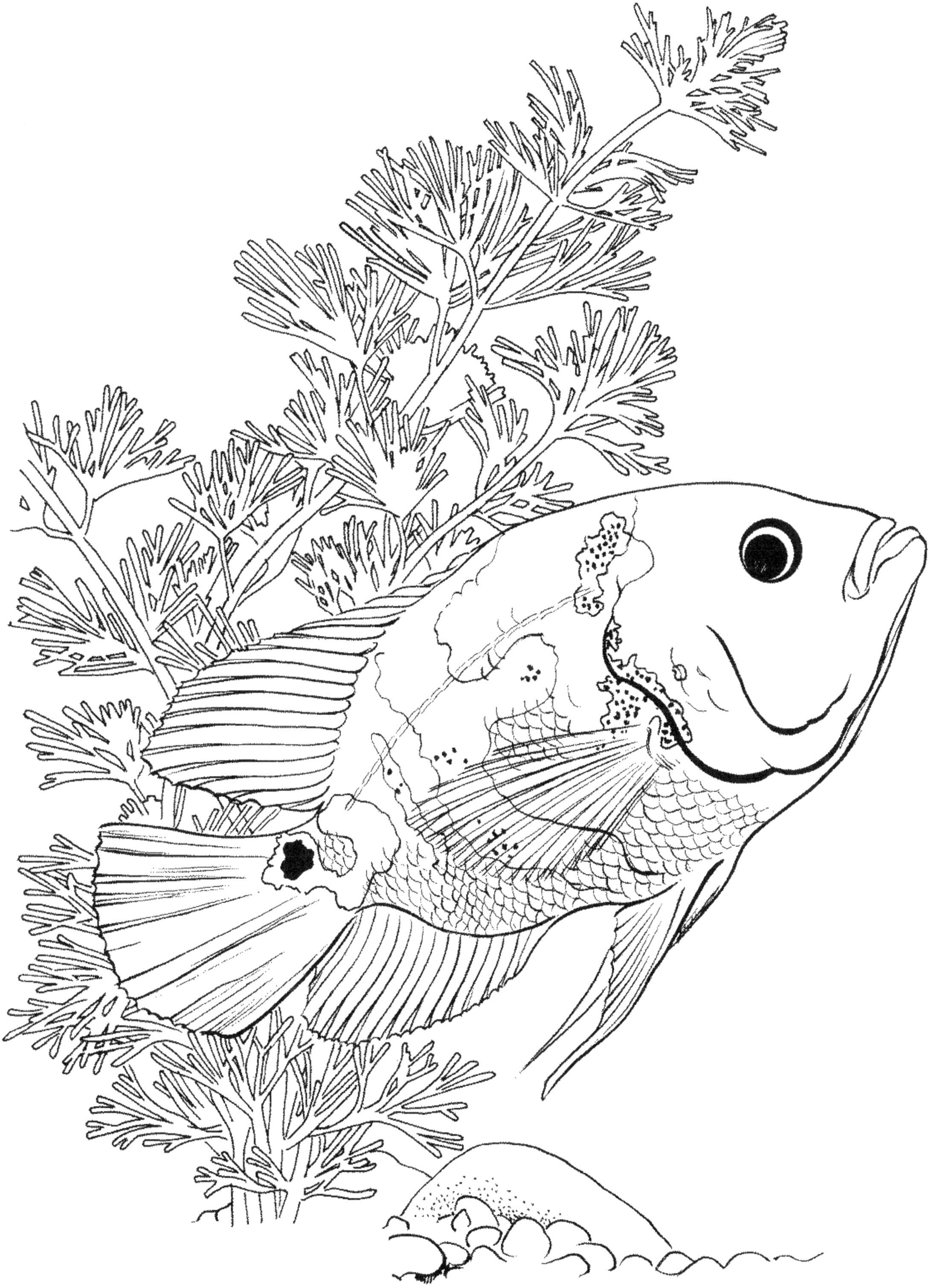

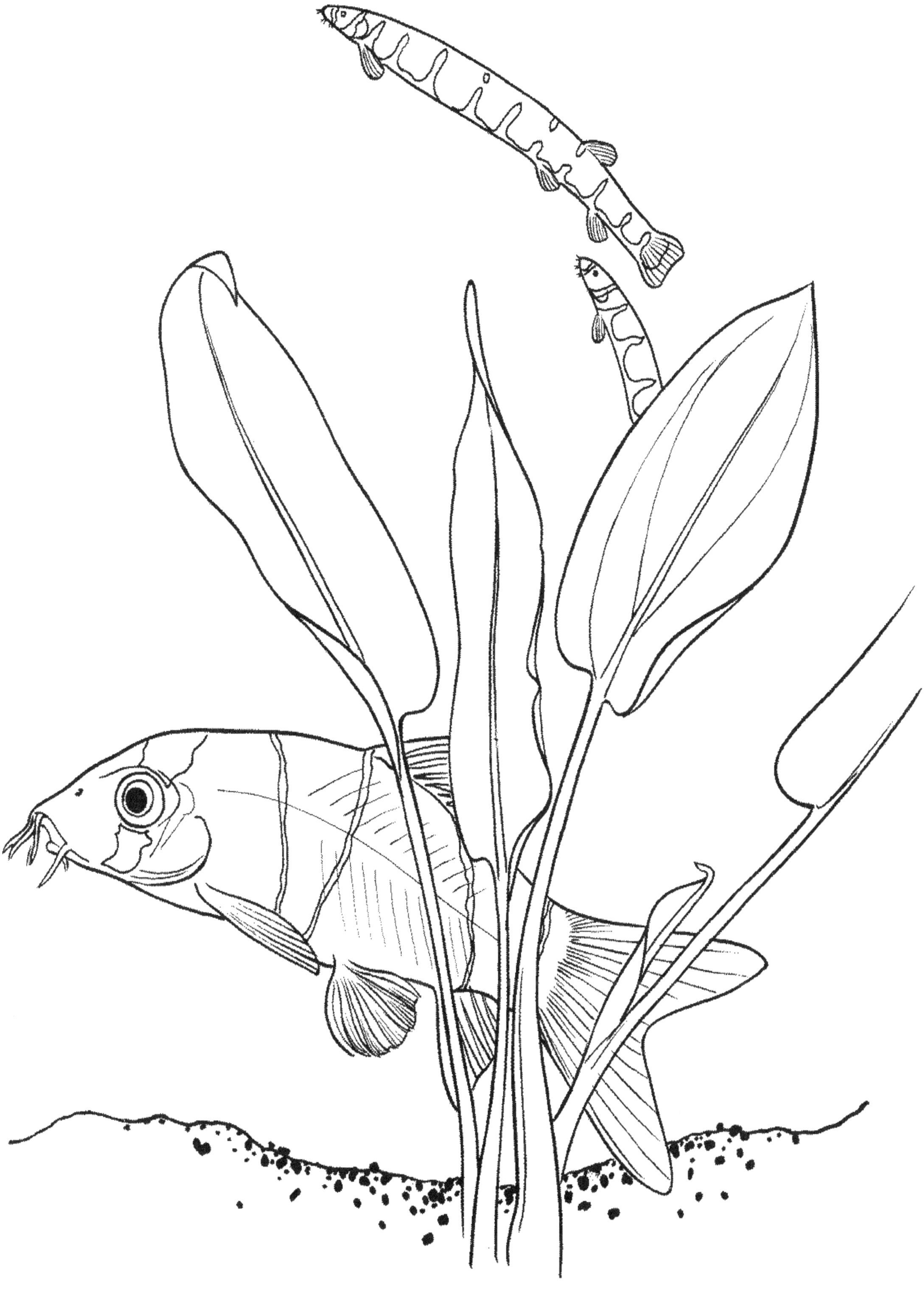

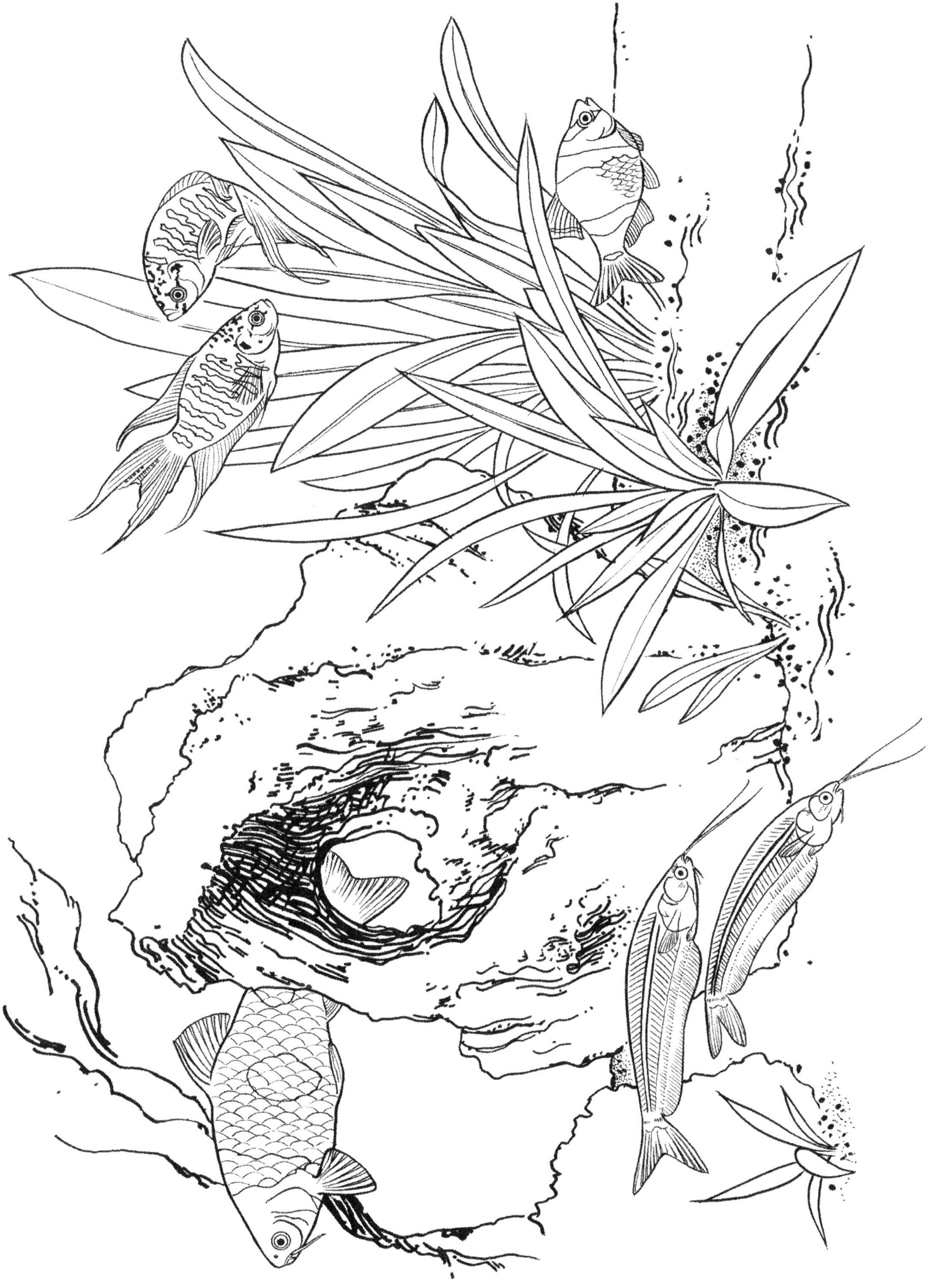

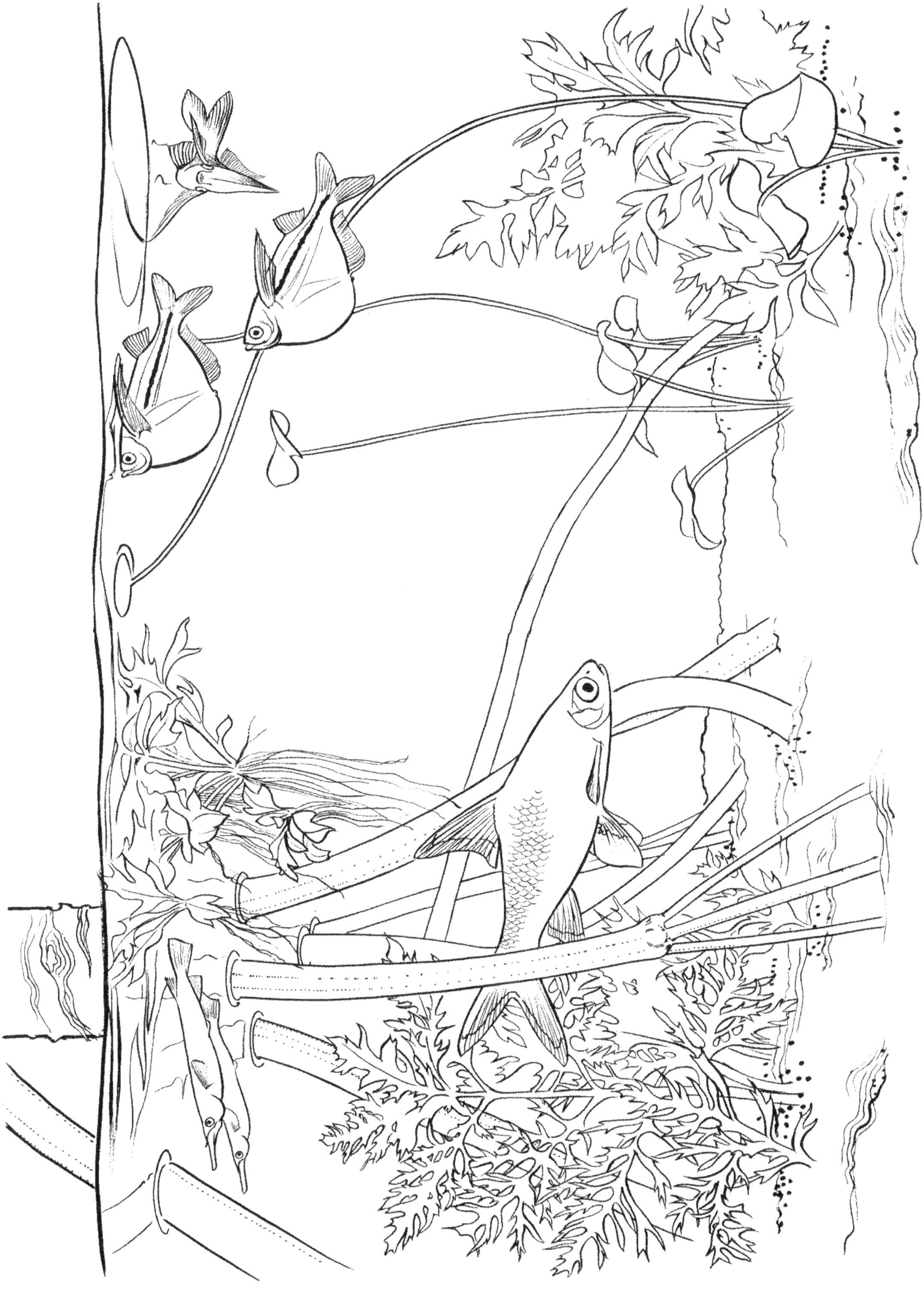

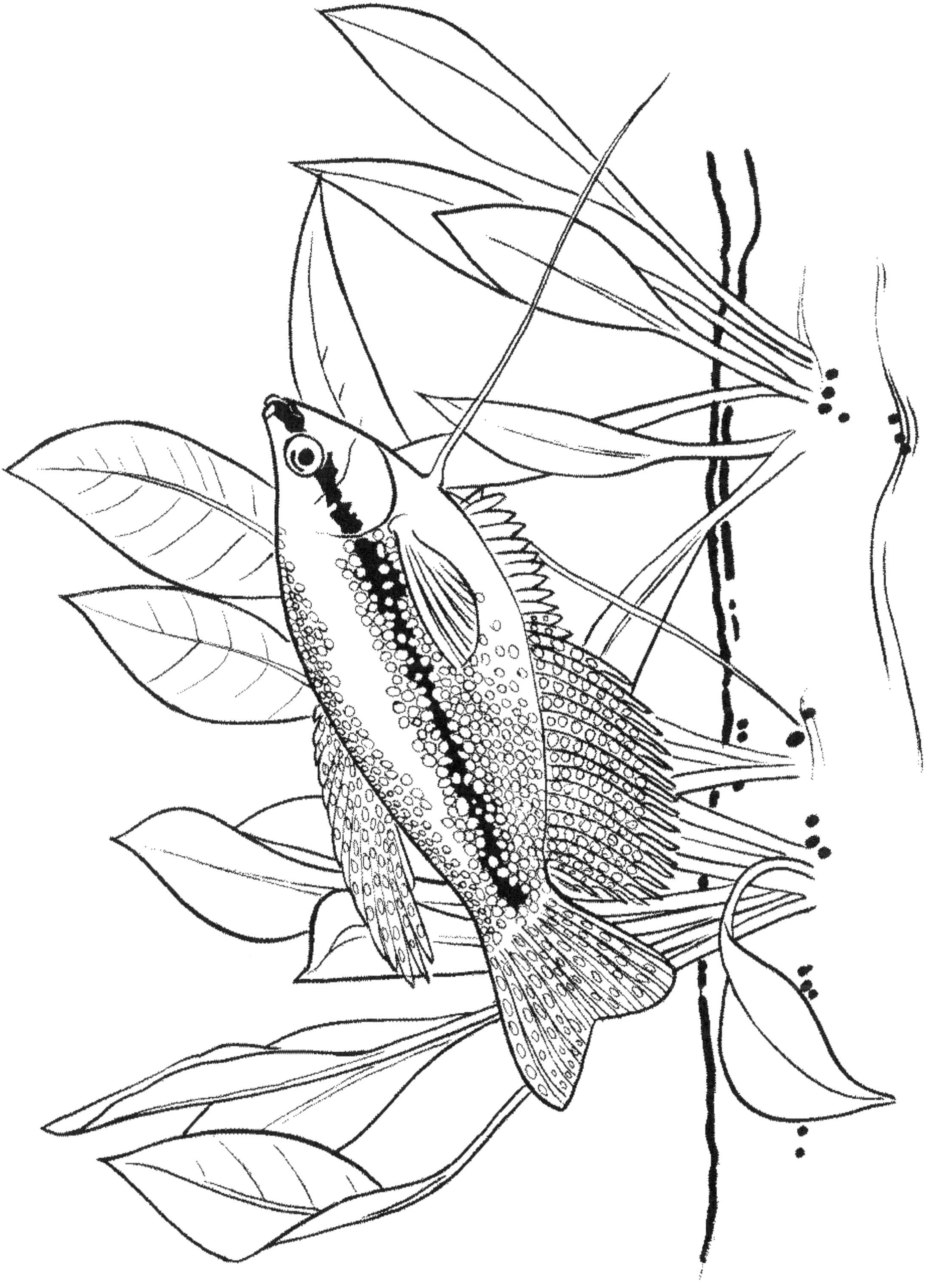

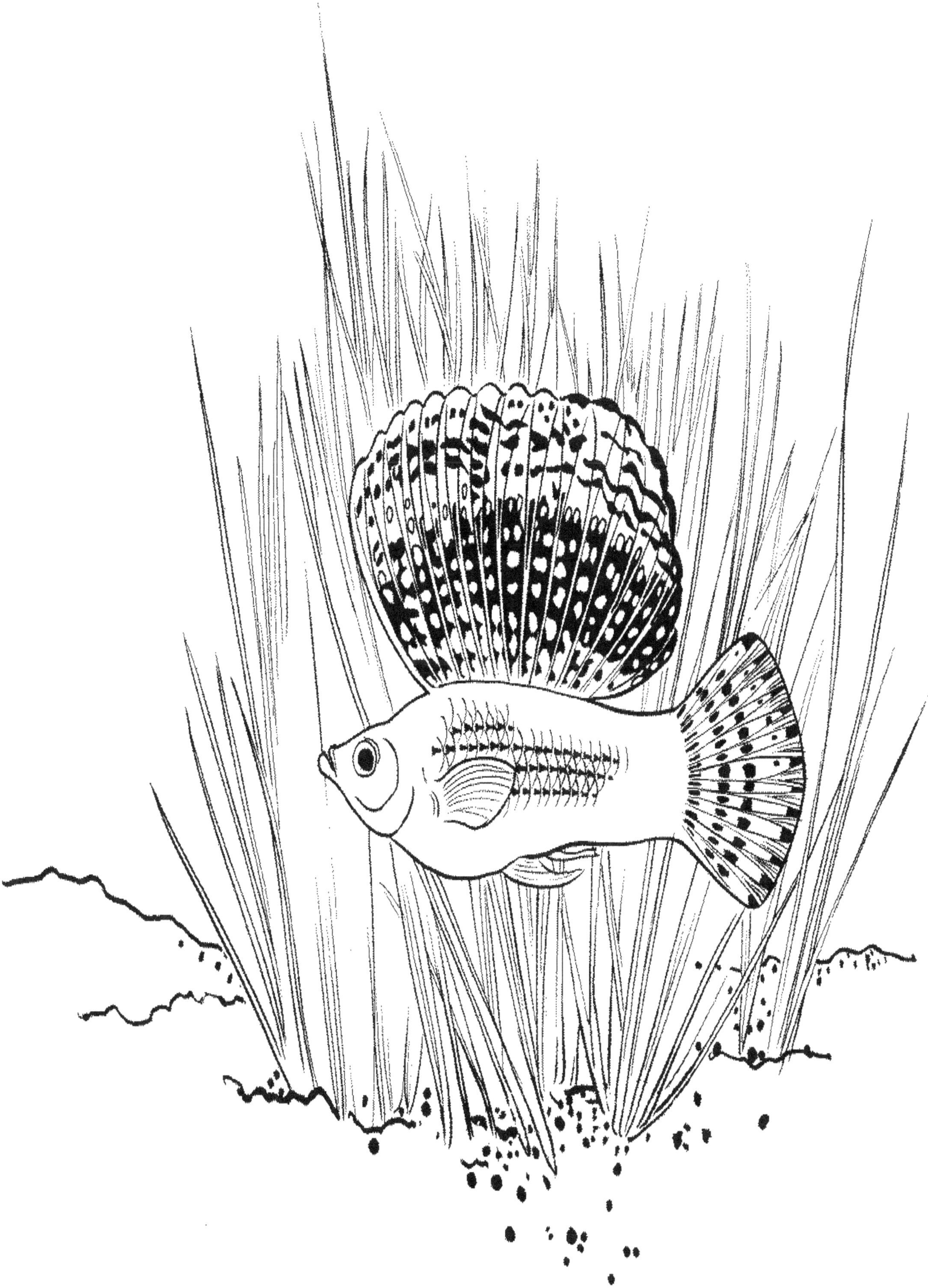

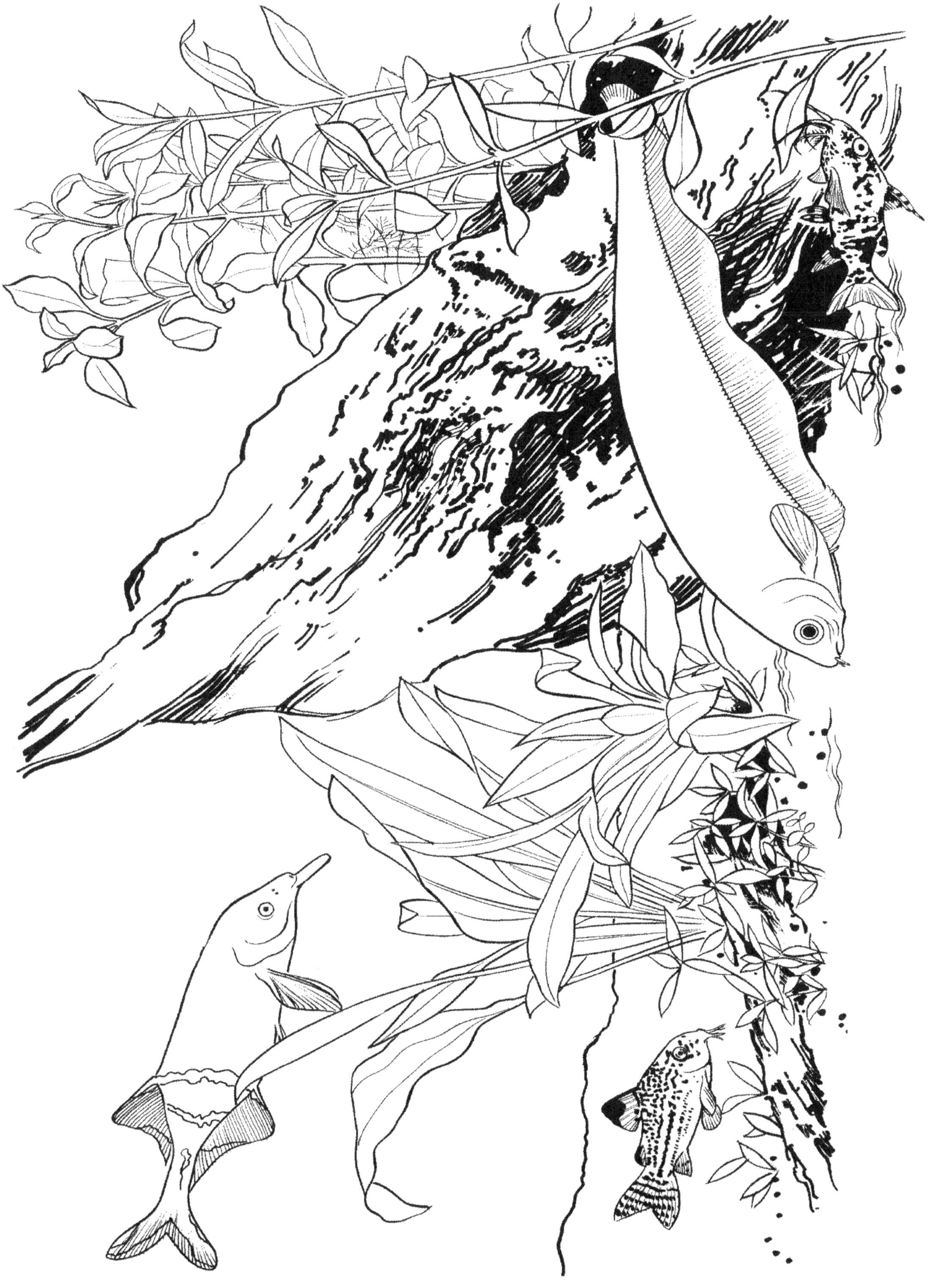

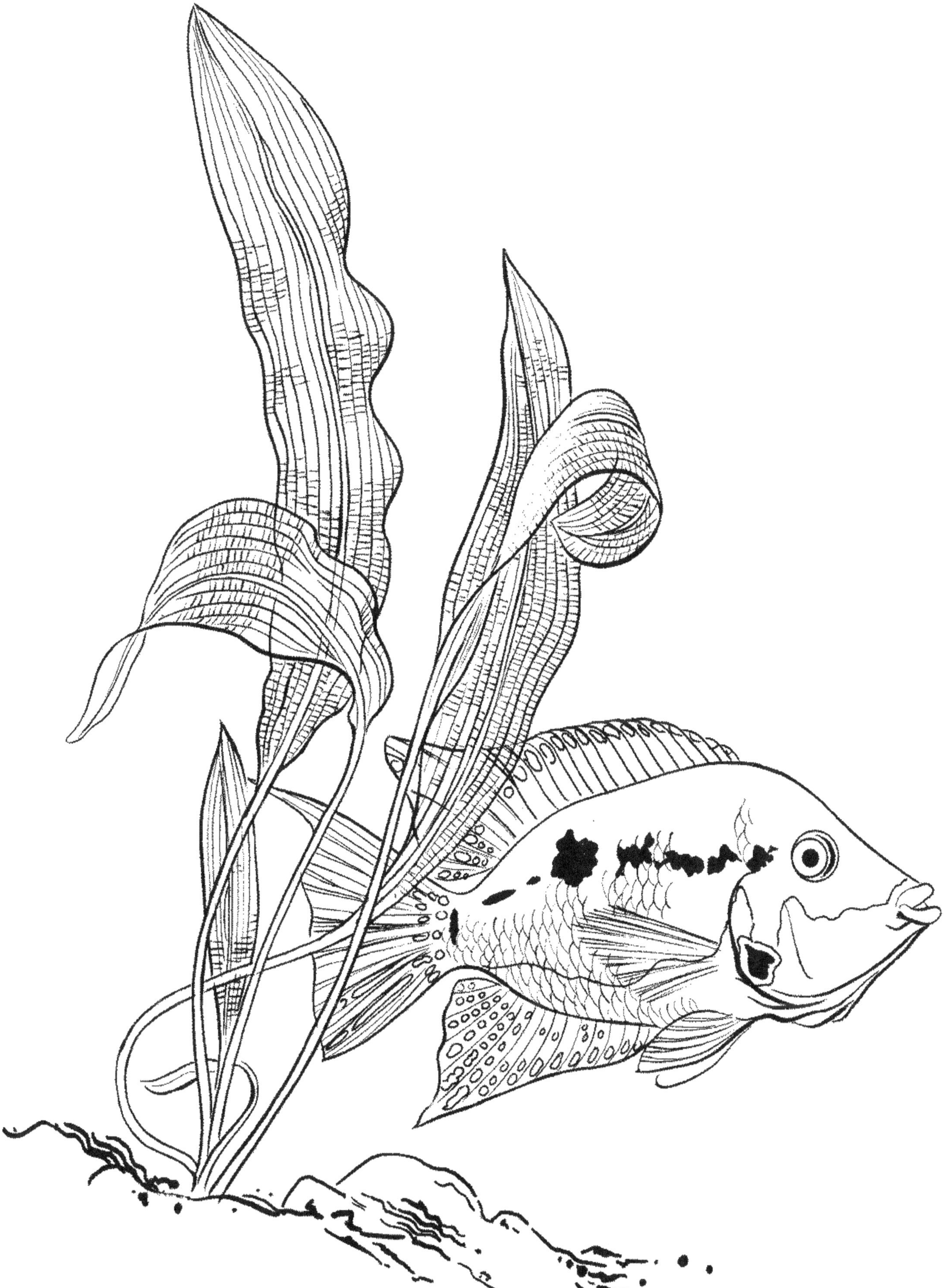

Me

	1	2	3	4	5	6	7	8	9	10
A										
B										
C										
D										
E										
F										
G										
H										
I										
J										

Aircraft Carrier: A A A A A

Frigate: F F F F

Cruiser: C C C

Destroyers: D D   D D

Submarines: S   S   S

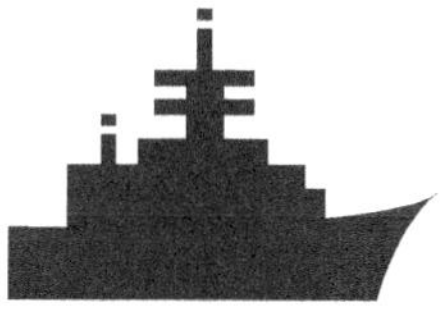

Opponent

	1	2	3	4	5	6	7	8	9	10
A										
B										
C										
D										
E										
F										
G										
H										
I										
J										

Aircraft Carrier: A A A A A

Frigate: F F F F

Cruiser: C C C

Destroyers: D D   D D

Submarines: S   S   S

Me

	1	2	3	4	5	6	7	8	9	10
A										
B										
C										
D										
E										
F										
G										
H										
I										
J										

Aircraft Carrier | A | A | A | A | A |

Frigate | F | F | F | F |

Cruiser | C | C | C |

Destroyers | D | D | | D | D |

Submarines | S | | S | | S |

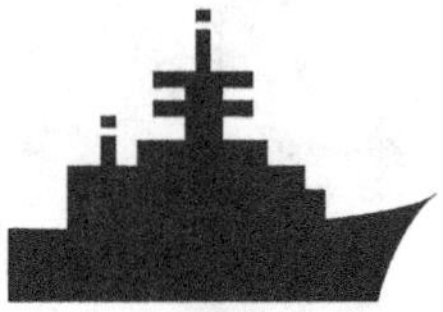

Opponent

	1	2	3	4	5	6	7	8	9	10
A										
B										
C										
D										
E										
F										
G										
H										
I										
J										

Aircraft Carrier | A | A | A | A | A |

Frigate | F | F | F | F |

Cruiser | C | C | C |

Destroyers | D | D | | D | D |

Submarines | S | | S | | S |

Me

	1	2	3	4	5	6	7	8	9	10
A										
B										
C										
D										
E										
F										
G										
H										
I										
J										

Aircraft Carrier | A | A | A | A | A |

Frigate | F | F | F | F |

Cruiser | C | C | C |

Destroyers | D | D | | D | D |

Submarines | S | | S | | S |

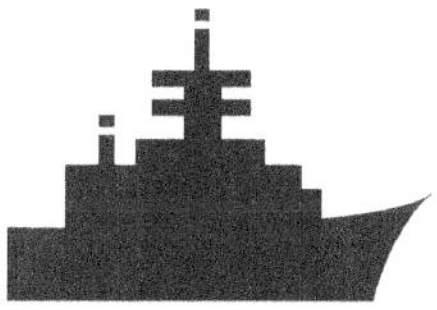

Opponent

	1	2	3	4	5	6	7	8	9	10
A										
B										
C										
D										
E										
F										
G										
H										
I										
J										

Aircraft Carrier | A | A | A | A | A |

Frigate | F | F | F | F |

Cruiser | C | C | C |

Destroyers | D | D | | D | D |

Submarines | S | | S | | S |

Me

	1	2	3	4	5	6	7	8	9	10
A										
B										
C										
D										
E										
F										
G										
H										
I										
J										

Aircraft Carrier: A A A A A

Frigate: F F F F

Cruiser: C C C

Destroyers: D D D D

Submarines: S S S

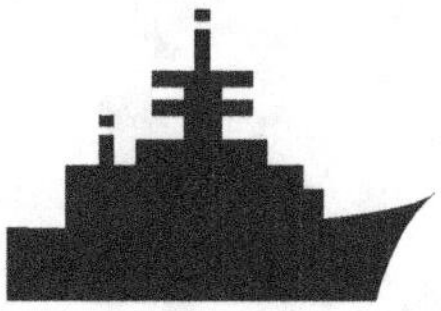

Opponent

	1	2	3	4	5	6	7	8	9	10
A										
B										
C										
D										
E										
F										
G										
H										
I										
J										

Aircraft Carrier: A A A A A

Frigate: F F F F

Cruiser: C C C

Destroyers: D D D D

Submarines: S S S

Me

	1	2	3	4	5	6	7	8	9	10
A										
B										
C										
D										
E										
F										
G										
H										
I										
J										

Aircraft Carrier | A | A | A | A | A |

Frigate | F | F | F | F |

Cruiser | C | C | C |

Destroyers | D | D | | D | D |

Submarines | S | | S | | S |

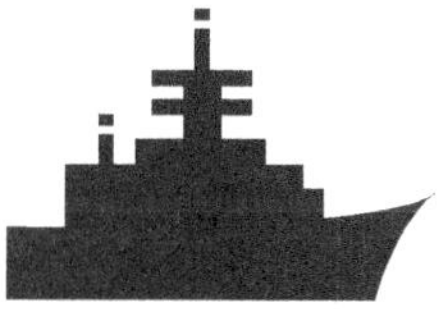

Opponent

	1	2	3	4	5	6	7	8	9	10
A										
B										
C										
D										
E										
F										
G										
H										
I										
J										

Aircraft Carrier | A | A | A | A | A |

Frigate | F | F | F | F |

Cruiser | C | C | C |

Destroyers | D | D | | D | D |

Submarines | S | | S | | S |

Me

	1	2	3	4	5	6	7	8	9	10
A										
B										
C										
D										
E										
F										
G										
H										
I										
J										

Aircraft Carrier: A A A A A

Frigate: F F F F

Cruiser: C C C

Destroyers: D D D D

Submarines: S S S

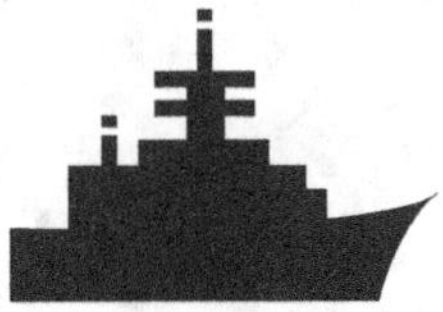

Opponent

	1	2	3	4	5	6	7	8	9	10
A										
B										
C										
D										
E										
F										
G										
H										
I										
J										

Aircraft Carrier: A A A A A

Frigate: F F F F

Cruiser: C C C

Destroyers: D D D D

Submarines: S S S

Me

	1	2	3	4	5	6	7	8	9	10
A										
B										
C										
D										
E										
F										
G										
H										
I										
J										

Aircraft Carrier | A | A | A | A | A |

Frigate | F | F | F | F |

Cruiser | C | C | C |

Destroyers | D | D | | D | D |

Submarines | S | | S | | S |

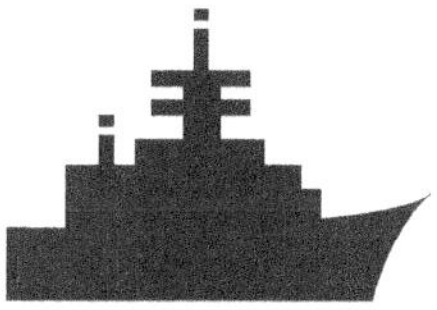

Opponent

	1	2	3	4	5	6	7	8	9	10
A										
B										
C										
D										
E										
F										
G										
H										
I										
J										

Aircraft Carrier | A | A | A | A | A |

Frigate | F | F | F | F |

Cruiser | C | C | C |

Destroyers | D | D | | D | D |

Submarines | S | | S | | S |

Me

	1	2	3	4	5	6	7	8	9	10
A										
B										
C										
D										
E										
F										
G										
H										
I										
J										

Aircraft Carrier | A | A | A | A | A |

Frigate | F | F | F | F |

Cruiser | C | C | C |

Destroyers | D | D | | D | D |

Submarines | S | | S | | S |

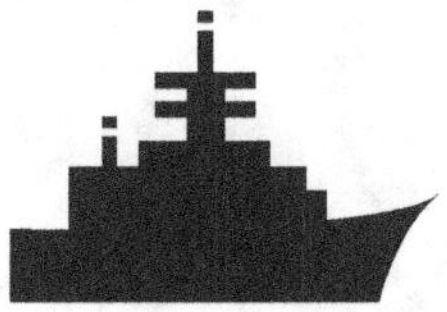

Opponent

	1	2	3	4	5	6	7	8	9	10
A										
B										
C										
D										
E										
F										
G										
H										
I										
J										

Aircraft Carrier | A | A | A | A | A |

Frigate | F | F | F | F |

Cruiser | C | C | C |

Destroyers | D | D | | D | D |

Submarines | S | | S | | S |

www.ingramcontent.com/pod-product-compliance
Lightning Source LLC
Chambersburg PA
CBHW081528220526
45467CB00010B/3092
9781711056357